木兰形象的跨时空演绎与建构

鹿佳妮◎著

山东友谊出版社·济南

图书在版编目（CIP）数据

木兰形象的跨时空演绎与建构 / 鹿佳妮著 . — 济南 : 山东友谊出版社 , 2023.3

ISBN 978-7-5516-2738-2

Ⅰ . ①木… Ⅱ . ①鹿… Ⅲ . ①木兰－人物研究 Ⅳ . ① K828.5

中国国家版本馆 CIP 数据核字 (2023) 第 034637 号

木兰形象的跨时空演绎与建构

MULAN XINGXIANG DE KUASHIKONG YANYI YU JIANGOU

责任编辑：肖　静
装帧设计：杨雯雯
排　　版：安树仁

主管单位：山东出版传媒股份有限公司
出 版 者：山东友谊出版社
地址：济南市英雄山路 189 号　邮政编码：250002
电话：出版管理部（0531）82098756
发行综合部（0531）82705187
网址：www.sdyouyi.com.cn
印　　刷：济南乾丰云印刷科技有限公司

开本：787 mm × 1 092 mm　1/16
印张：11.5　**字数：**120 千字
版次：2023 年 3 月第 1 版　**印次：**2023 年 3 月第 1 次印刷
定价：56.00 元

前　言

2014年10月，以习近平总书记在文艺工作座谈会上的讲话为标志，中国的当代文艺创作和研究进入了新的发展阶段。习近平在讲话中指出了中华优秀传统文化对中国和世界的重要价值："古往今来，中华民族之所以在世界有地位、有影响，不是靠穷兵黩武，不是靠对外扩张，而是靠中华文化的强大感召力和吸引力。……中华优秀传统文化是中华民族的精神命脉，是涵养社会主义核心价值观的重要源泉，也是我们在世界文化激荡中站稳脚跟的坚实根基。"中国在历史发展过程中"产生了灿若星辰的文艺大师，留下了浩如烟海的文艺精品，不仅为中华民族提供了丰厚滋养，而且为世界文明贡献了华彩篇章"。同时，讲话旗帜鲜明地反对西方所谓的"普世价值"："如果'以洋为尊'、'以洋为美'、'唯洋是从'，把作品在国外获奖作为最高追求，跟在别人后面亦步亦趋、东施效颦，热衷于'去思想化'、'去价值化'、'去历史化'、'去中国化'、'去主流化'那一套，绝对是没有前途的！事实上，外国人也跑到我们这里寻找素材、寻找灵感，好莱坞拍摄的《功夫熊猫》、《花木兰》等影片不就是取材于我们的文化资源吗？"随后，习近平总书记又在庆祝中国共产党成立95周年大会上的讲话中指出："在5000多年文明发展中孕育的中华优秀传统文化，在党和人民伟大斗争中孕育的革命文化和社会主义先进文化，积淀着中华民族最深层的精神追求，代表着中华民族独特的精神标识。”我国在历史发展过程中孕育出的底蕴深厚、璀璨夺目的中华优秀传统文化是中华民族的灵魂，是我国综合实力的重要组成部分，也是当代文艺创作和研究取之不尽、用之不竭的源泉。

自进入全球化时代以来，世界各国各民族就处于大交流和大交融当中。这一方面促进了彼此之间的相互理解，推动了“人类命运共同体”的建构，另一方面我们又无可避免地受到西方所谓“普世价值”的侵蚀。西方的“普世主义”是否真的“普世”？美国学者塞缪尔·亨廷顿（Samuel Phillips Huntington）早已指出“普世”的本质：“西方，特别是一贯富有使命感的美国，认为非西方国家的人民应当认同西方的民主、自由市场、权力有限的政府、人权、个人主义和法治的价值观念，并将这些价值观念纳入他们的体制。然而，在其他文明中，赞同和提倡这些价值的人只是少数……西方人眼中的普世主义，对非西方来说就是帝国主义。……普世文明的概念是西方文明的独特产物。普世主义是西方对付非西方社会的意识形态。”况且，西方的“普世价值”本身便存在缺陷。西方的意识形态体系的基础是以启蒙和理性为核心的现代性思想，但是齐蒙格·鲍曼（Zygmunt Bauman）、理查德·鲁宾斯坦（Richard L. Rubenstein）、约翰·罗斯（John K. Roth）、安东尼·吉登斯（Anthony Giddens）、汉娜·阿伦特（Hannah Arendt）、麦克斯·霍克海默（Max Horkheimer）、狄奥多·阿多诺（Theodor Adorno）等西方哲学家以纳粹屠犹这一人类惨剧作为例证，认为正是现代性的极度膨胀导致了犹太人惨遭大屠杀。在现代社会，一旦理性不加限制地发展到极端，就会导致信仰丧失，颠覆一切道德准则。在现代性的弊端被广泛讨论后，西方社会进入了“后现代主义”时期。但是，后现代性提倡的怀疑一切、解构一切的价值追求又消解了客观现实、道德伦理、社会责任、真理、意义、人性等概念，逐渐走向“悲观主义”“无政府主义”“历史虚无主义”的错误方向。

因此，传承中华优秀传统文化，抵制西方话语渗透，建立文化自觉与文化自信，绝不是封闭主义和孤立主义，而是在彻底认清西方文化霸权和西方价值体系的固有矛盾的基础上，立足中国国情和发展现状提出自己的文艺建设指导方针。习近平总书记在文艺工作座谈会上的讲话中也谈到：“我们强调弘扬社会主义核心价值观，继承和发扬中华民族优秀传统文化，坚持和弘扬中国精神，并不排斥学习借鉴世界优秀文化成果。我们社会主义文艺要繁荣发展起来，必须认真学习借鉴世界各国人民创造的优秀文艺。只有坚持洋为中用、开拓创新，做到中西合璧、融会贯通，我国文艺才能更好发展繁荣起来。”习近平总书记的讲话，高屋建瓴地为今后的文艺创作和研究工作指明了方向。弘扬和发展本民族的文化，批判和借鉴外来的理论思想是在文化交融时代进行文艺创作和研究的必然选择。

实际上，“民族性”和“区域性”的彰显也是当前世界文学发展的主流倾向。例如，新一代的美国犹太作家在美国主流话语体系中坚持寻找犹太历史和宗教传统，展现了鲜明的回归

“犹太性”倾向；近年来，非洲作家的影响力不断提升，坦桑尼亚作家阿卜杜勒-拉扎克·古尔纳（Abdulrazak Gurnah, 1948- ）获得2021年诺贝尔文学奖，其作品表现出强烈的“非洲性”色彩；中国当代作家莫言也因其塑造的反映中华文化传统和社会人文变迁的“高密东北乡”引起了世界关注，进而获得2012年诺贝尔文学奖。长期以来，由于帝国主义的话语霸权，“世界文学”的多样性被“西方文学”的所谓“普世性”所遮蔽。强调文艺创作的“民族性”书写是恢复世界文学本来面目、重建世界文学新秩序和新版图、实现真正意义上的文明互鉴的必然选择。

我们当前的文艺创作必须坚持文化自信，弘扬中华优秀传统文化，完成传统文化在当代社会的创造性转化，自觉抵制“全盘西化”。同时，还应当推进中华优秀传统文化在全世界范围内的传播，这也是提升文化自信的重要一环。十八大以来，习近平总书记就文化传播做出了一系列重要论述，为继承、发扬和创新中华优秀传统文化指引了方向。他在十九大报告中强调：“文化自信是一个国家、一个民族发展中更基本、更深沉、更持久的力量。”随后，又在二十大报告中提出：“推进文化自信自强，铸就社会主义文化新辉煌。”并且，对今后一段时期的文化工作做出了纲领性指导：“增强中华文明传播力影响力。坚守中华文化立场，提炼展示中华文明的精神标识和文化精髓，加快构建中国话语和中国叙事体系，讲好中国故事、传播好中国声音，展现可信、可爱、可敬的中国形象。加强国际传播能力建设，全面提升国际传播效能，形成同我国综合国力和国际地位相匹配的国际话语权。深化文明交流互鉴，推动中华文化更好走向世界。”传播中华优秀传统文化对于坚定文化自信、展示中国魅力、扩大中华文化影响力、提升文化交流效能具有重要作用。

本书以马克思主义文化观为指导，坚持中国主体性立场，贯彻落实习近平总书记关于文化自信的重要思想，考察“木兰”这个中华优秀传统文化的代表性形象在古代的流传演绎、在现代的创造性建构，以及在美国的传播、被接受和被改写。“木兰”出自中国传统民间故事，既凝聚着劳动人民的智慧，又被古今中外的许多文人、作家接受并重塑。中国民间故事是中华优秀传统文化的重要组成部分，也是历史文学创作的根基。古代的许多志怪小说，如干宝的《搜神记》、洪迈的《夷坚志》、蒲松龄的《聊斋志异》等都继承和发展了民间故事、传说、神话的创作传统。中国民俗文学成为后世作家进行文学创作时取之不尽、用之不竭的文化源泉，影响着一代又一代中国人的人生观和价值观。到了当代，20 世纪 80 年代中后期的先锋小说充分吸收了民俗文化的精髓。莫言的多部作品，如《红高粱》《檀香刑》《四十一炮》在故事叙述、表达手法及语言风格等方面都有着志怪小说的影子，并将许多民间故事的人物、情节纳入其中，还运用了民间说唱、茂腔等戏曲形式。苏童的小说借鉴了苏州评弹技巧，扎西达娃的小说则着重挖掘民间故事传说的神秘意蕴，等等。木兰故事作为中国民俗文学中最广为人知的作品之一，更是成为许多文学艺术作品言说的对象。《木兰诗》之后，唐、宋、元、明、清各朝各代均有文人化用木兰故事或者创作衍生文本，涉及诗歌、散文、小说、评议等多种体裁。抗日战争及抗美援朝时期，木兰又出现在各种戏曲和电影作品当中，被不断地重新塑造。新中国成立后，演绎木兰故事的影视剧、歌舞剧、网络小说、儿童绘本层出不穷，呈现出百花齐放的景象。

中国民间故事在滋养中国本土作家的文学创作之余，也成为海外作家、读者、研究者和汉学家关注的重点。木兰故事、白蛇传、孟姜女、梁山伯与祝英台等中国民间文学均被译介到海外，而且有着不错的接受度。NTC 出版集团在 1997 年出版了由霍华德·吉斯金（Howard Giskin）主编的《中国民间故事》（*Chinese Folktales*），哥伦比亚大学出版社 2011 年出版了由维克多·迈尔（Victor H. Mair）和马克·本德尔（Mark Bender）主编的《哥伦比亚中国民间文学与通俗文学选集》（*The Columbia Anthology of Chinese Folk and Popular Literature*），两部作品集均收录、译介了大量中国民俗文本。其中，木兰故事尤其受到海外读者的青睐。美籍华裔女作家汤亭亭（Maxine Hong Kingston, 1962- ）创作了以木兰故事为原型，融合了个人经历的半自传作品《女勇士》（*The Woman Warrior*, 1976），出版后引起广泛关注，并且获得了美国国家图书评论家协会奖，被《时代》（*Time*）杂志评为 20 世纪 70 年代最佳非虚构类书籍之一。20 世纪 90 年代后，美国出版了一系列木兰儿童绘本，成为木兰故事在美传播的重要途径。美国影视业巨头迪士尼集团出品的动画电影《花木兰》（*Mulan*, 1998）和《花木兰 II》（*Mulan II*, 2004），以及真人电影《花木兰》（*Mulan*, 2020）

更是通过大众媒介让木兰形象在全球家喻户晓。

中国传统文化有着悠久的历史和独特的魅力，但是随着社会发展，一些优秀的传统文化逐渐被现代人所遗忘，由此产生的社会问题不容忽视。目前，我国在经济建设上取得了巨大成就，但是西方文化霸权与所谓“普世”话语的渗透也在增强，提升中国文化软实力、加强精神文明建设、坚定文化自信是当务之急。通过木兰形象的流传演绎，可以考察中华优秀传统文化在古代社会的传承以及在现代社会的复兴，由此探索出中华优秀传统文化创新发展并融入社会主义价值观的可行路径。除此之外，木兰还在美国展现出强大的吸引力，说明这一人物形象不仅能够跨越时间洪流，还可以穿透空间阻碍。在如今的全球化时代，人类已经逐渐结成命运共同体，跨文化交流变得越来越重要，对文化交流的关注使人们越来越重视文学与传播的结合。一方面，文化差异导致的多元化让世界变得更加有趣和丰富多彩，另一方面，文化交流导致的融合促进了东西方世界的互相了解。梳理木兰形象在美国的接受和改写，可以考察异质文化之间的差异与融合，增强文明互鉴。

木兰形象在不同时代文本中的演进与变形体现了中华文化的传承与现代建构，在不同空间文本中的演绎与重塑则体现了东西文化的碰撞与潜在融合。因此，本书内容既是全球化语境下“民族性”书写研究的组成部分，又在中华优秀传统文化全球传播的研究视野当中。本书通过比较文学主题学、形象学、变异学等研究方法，跨越文学、历史学、社会学、心理学等研究领域，以文本分析为基础，梳理木兰形象的跨时空流变。

同时，在前人研究的基础上力求创新。首先，以往木兰形象研究多将《木兰诗》中木兰形象视为封建社会的理想女性、儒家“忠孝两全”道德伦理的化身，未注意到《木兰诗》诞生于北魏这样一个特殊历史语境中，也忽视了诗歌本身的民间性质以及文本叙事之外的大量空白，本书结合这三点，揭示木兰原初形象的复杂性。其次，本书既从时间顺序上对木兰形象进行系统梳理，挖掘不同历史语境下木兰形象的不同意蕴，又从空间维度上对木兰形象进行对比分析，挖掘不同文化语境下木兰形象的不同含义。再次，本书选取了先前木兰研究中很少涉及的具有代表性的中美木兰儿童绘本，对其进行细致考察与全面观照，填补学界研究空白。最后，本书力图展现木兰形象的演进历程，探索中美木兰形象背后蕴含的文化差异，并以女性主义视角观照木兰形象，揭示无论是中国木兰还是美国木兰至今仍未跨越的性别困境。

全书分为五个部分：第一部分梳理分析木兰形象在中国古代木兰文本中的流传演绎。首先以现存最早的木兰文本——北魏民歌《木兰诗》为基础，解析木兰的原初形象。而后，探索木兰形象在唐代、宋元、明清文人笔下分别呈现何种样态，并揭示其由“人”到“神”的演进历程。第二部分探讨研究木兰形象在中国现代木兰文本中的解构与重塑。主要将现代木兰文本分为三部分，即战时木兰文本、新时期木兰文本、新世纪木兰儿童绘本，揭示木兰形象在不同时期、不同体裁的作品中呈现的不同内涵，展现其在现代社会由“神”到“人”的回归路径。第三部分剖析阐明木兰形象在美国木兰文本中的颠覆与重构。

以美国华裔作家汤亭亭的《女勇士》、美国木兰儿童绘本、迪士尼动画电影《花木兰》为代表性文本，探析木兰形象在西方文化语境中的变形。第四部分主要分析木兰文本中的“忠”“孝”主题以及木兰所面临的女性困境在不同时代语境与文化语境中的类同与差异，探索木兰形象在时空位移的过程中发生的变异并揭示迄今为止木兰无法走出的性别困境。第五部分归纳总结，明确木兰形象研究的文化价值与现实意义。

目录

第一章

由“人”到“神”

——古代木兰叙事

木兰，这个最先从民间诞生的人物形象，凝聚着古代劳动人民的智慧和朴素道德观。随着社会稳定、经济发展和文明进步，文人写作群体不断扩大。在这种背景下，民间叙事经历了“退行性演变”，即以口头创作、流传为主的形式逐渐消失，开始向文人化书写方向发展。实际上，民间叙事和文人叙事之间有所差异，但并非完全不相容，两者之间没有绝对清晰的分野，反而相互联系、纠结难分。一方面，民间故事是文人创作的灵感和源泉。文人们不断向民间文学学习，汲取养分，那些备受赞誉、名留青史的优秀传统文学几乎都与民间文学紧密相连。另一方面，文人写作流传至民间，对普通民众产生重要影响。一些民间故事在口耳相传之间无意识地模仿了文人的叙事方式，文人话本擅长设置悬念的方式就被民间说书人学习并运用到日常讲述中。在文人叙事的发展过程中，木兰以独特的魅力吸引着一代又一代的骚人墨客。这些作家基于当时的社会环境与文化语境，根据自己的意愿对木兰故事进行重塑。因此，木兰形象在不同朝代、不同作者、不同体裁的文本中具有不同特质，其流传演变整体呈现出动态的变化过程。本章结合民俗理论、历史研究和文本分析，采用动态发展的眼光，考察木兰在原初文本《木兰诗》中的形象特征及其在唐至清代木兰衍生文本中的演绎。

第一节 原初木兰——《木兰诗》

段宝林曾经在《中国民间文学概要》中说过："传说一般是以真实的历史人物或事件做基础，经过长期集中、丰富的典型化过程而逐渐定性的。一般是先为新闻传说，以真人真事为主，后来常常把历史上与该人物相似的事件都附在他身上。不仅故事情节日益丰富曲折，而且人物性格更加鲜明突出。使美者益美，勇者益勇，成为'箭垛式的人物'。"[1]木兰显然就是这样一个"箭垛式的人物"，现今对古代木兰文本中木兰形象的分析主要集中于"木兰是一个封建社会中的理想女性，是被男性话语所建构的美好女性，是父权社会对'女子德行、性别角色、行为规范等的文化想象'"[2]，是儒家"忠孝两全"道德伦理的化身，而这种认识正是历朝历代木兰文本层层积淀形成的结果。我们只有拔掉木兰身上的"箭"，只关注这个"垛"，才能还原木兰的原初形象。

现今人们熟知的《木兰诗》全文最早存于北宋郭茂倩编纂的《乐府诗集》中：

木兰诗（古辞）[3]

唧唧复唧唧，木兰当户织。不闻机杼声，唯闻女叹息。问

1 段宝林：《中国民间文学概要》，北京：北京大学出版社，2002 年，第 66 页。

2 郑朝琳：《结构主义叙事学视野下〈木兰辞〉中的木兰形象》，《文学教育》（上），2014 年第 1 期。

3 [宋]郭茂倩编：《乐府诗集》上，北京：中华书局，2019 年，第 381—382 页。本书《木兰诗》原文引用均出于此。

女何所思，问女何所忆，女亦无所思，女亦无所忆。昨夜见军帖，可汗大点兵。军书十二卷，卷卷有爷名。阿爷无大儿，木兰无长兄。愿为市鞍马，从此替爷征。东市买骏马，西市买鞍鞯，南市买辔头，北市买长鞭。旦辞爷娘去，暮宿黄河边。不闻爷娘唤女声，但闻黄河流水鸣溅溅。旦辞黄河去，暮至黑山头。不闻爷娘唤女声，但闻燕山胡骑鸣啾啾。万里赴戎机，关山度若飞。朔气传金柝，寒光照铁衣，将军百战死，壮士十年归。归来见天子，天子坐明堂。策勋十二转，赏赐百千强。可汗问所欲，木兰不用尚书郎。愿驰千里足，送儿还故乡。爷娘闻女来，出郭相扶将。阿姊闻妹来，当户理红妆。小弟闻姊来，磨刀霍霍向猪羊。开我东阁门，坐我西阁床。脱我战时袍，著我旧时裳。当窗理云鬓，对镜帖花黄。出门看火伴，火伴皆惊忙。同行十二年，不知木兰是女郎。雄兔脚扑朔，雌兔眼迷离。双兔傍地走，安能辨我是雄雌。

虽然《木兰诗》以文人记载、文本收录的形式流传于后世，但是作为木兰故事原初文本的《木兰诗》不是文人创作的，而是一部民间作品，具有典型的民间气质。关于“民间”的含义，可以有很多解释。从政治角度理解，“民间”与“官方”相对，指的是区别于占统治地位的意识形态、价值观念与表现方式的体系。从文学角度理解，“民间”与“文人”相对，指的是在普通民众当中流传的口头文学作品。需要特别说明的一点是，在封建社会，文人实际上也属于统治阶级或其附庸，因而从文学角度阐释“民间”时往往包含着对这一概念的政治化解读。

关于“民间文学”，胡愈之在《论民间文学》中归纳了两个特征：“第一，创作的人是民族全体，不是个人。第二，民间文学是口述的文学（Oral Literature），不是书本的文学（Book Literature）。”[1]他举例说明，神话、故事、传说、山歌、船歌、儿歌等等都可以归为民间文学。文人写作可能会受到作者人生经历、文化背景、价值理念的影响，或被当时占统治地位的思想体系所干扰，与社会生活疏离。而民间文学的核心特点是“民众对于日常生活中的人或事的最直观反映”[2]，“民间创作的主体是劳动大众；客体，亦即是劳动者自身所处的自然及社会、历史生活环境”[3]。换句话说，民间故事的产生、传播较少受到个人因素影响，与其所形成的历史阶段和社会环境联系密切。

因此，在分析《木兰诗》主题、阐析木兰形象时，必须厘清文本形成的年代，结合当时的政治制度、经济水平、文化氛围与军事外交等进行多方面探讨。对于《木兰诗》的写作时间，一直众说纷纭，产生了汉代、三国、晋代、南朝（梁代）、北朝（北魏）、隋唐几种说法。“汉代说”，南宋何汶在《竹庄诗话》中附注：“木兰，古词，不知年代，皆附于汉。”[4]明徐昌祚也在《燕山丛录》中提及《木兰诗》：“完县东门外有木兰庙，榜曰‘孝烈将军’。有古碑，称‘木兰姓魏，亳县人，汉孝文时匈虏寇北边，发内郡戍之，木兰代父为戍卒，以功为

1 苑利主编：《二十世纪中国民俗学经典　民俗理论卷》，北京：社会科学文献出版社，2002年，第3页。

2 柴楠：《民间故事的生成与接受》，辽宁大学博士学位论文，2013年，第25页。

3 李慧芳：《中国民间文学》，武汉：武汉大学出版社，1996年，第25页。

4 [宋]何汶撰，常振国、绛云点校：《竹庄诗话》，北京：中华书局，1984年，第21页。

小校，所戍是完县，故完人祀之。’孝烈将军，唐所封也。”[1]“晋代说”，宋潘自牧的《记纂渊海》以及宋谢维新的《古今合璧事类备要前集》中均征引了《木兰诗》中的词句，并附注为“晋木兰诗”。“南朝（梁代）说”的依据主要来自明清文人，清张玉穀认为《木兰诗》为南朝梁代的作品，他在《古诗赏析》中写道：“木兰千古奇人，此诗亦千古杰作。《焦仲卿妻》后，罕有其俦。在萧梁时，更不图得此如椽笔也……诗中用‘可汗’字，木兰当是北朝人，而诗则南朝人所作。”[2]此外还有“三国说”，宋魏泰在《临汉隐居诗话》提到：“古乐府中，木兰诗，焦仲卿诗皆有高致。盖世传木兰诗为曹子建作，似矣。”[3]但是，这些论述都十分简短，并无史料依托，彼此之间也没有就《木兰诗》的创作年代达成共识。甚至于，魏泰提出《木兰诗》为曹子建所作后，又说道：“然其中云‘可汗问所欲’，汉、魏时夷狄未有‘可汗’之名，不知果谁之词也。”[4]说明这些结论自身仍有矛盾之处，无法自洽，故而缺乏说服力，并不为后世学者所信服。

目前，论据较为充分，阐述较为详尽，也是比较有代表性的主要有两种说法，即“隋唐说”与“北朝（北魏）说”。宋刘克庄在《后村诗话》中明确表示：“《焦仲卿妻诗》六朝人所作也。《木兰诗》唐人所作也。”[5]宋程大昌也在《演繁露》中提到：“乐府有《木兰》，乃女子代父征戍，十年而归，不

1 [明]徐昌祚：《新刻徐比部燕山丛录》，清抄本，第12页。

2 [清]张玉穀著，许逸民点校：《古诗赏析》，北京：中华书局，2017年，第520页。

3 [宋]魏泰著，陈应鸾校注：《临汉隐居诗话校注》，成都：巴蜀书社，2001年，第7–8页。

4 [宋]魏泰著，陈应鸾校注：《临汉隐居诗话校注》，成都：巴蜀书社，2001年，第7–8页。

5 [宋]刘克庄撰，王秀梅点校：《后村诗话》，北京：中华书局，1983年，第86页。

受爵赏，人为作诗，然不著何代人，独诗中有‘可汗大点兵’语，知其生世非隋即唐也。”[1]隋代开皇二十年（600 年），东突厥启民可汗染干为表谢恩，称隋文帝杨坚为“大隋圣人莫缘可汗”[2]。唐代贞观四年（630 年），唐太宗李世民在击败东突厥后接受了西北诸蕃统领奉上的“天可汗”称号。具体可见《通典》：“大唐贞观中，户部奏言，中国人自塞外来归及突厥前后降附开四夷为州县者，男女百二十余万口。时诸蕃君长诣阙顿颡，请太宗为天可汗。”[3]程大昌以“可汗”这一称呼为依据，认为《木兰诗》为隋唐文人所作。朱熹也在《朱子语类》中提出类似看法：“《木兰诗》只似唐人作。其间‘可汗’，前此未有。”[4]较之“汉代说”“晋代说”“南朝（梁代）说”“三国说”，“隋唐说”论据完整，看似合理。但是，这一说法忽略了“可汗”是译自突厥语。[5]在隋唐之前，中原周边的地区，柔然、突厥、吐谷浑、铁勒、契丹、蒙古等北方游牧民族对其最高统治者的称谓都是“可汗”，始见于鲜卑族。[6]因此，“可汗”无法成为“隋唐说”的有力论据，反而成为“北朝（北魏）说”的支撑材料。到了当代，齐天举在《关于〈木兰诗〉的著

1 ［宋］程大昌撰：《演繁录》，济南：山东人民出版社，2018 年，第 283 页。

2 ［唐］魏征撰：《隋书》八十四卷《突厥列传》，台北：鼎文书局点校本，1979 年，第 1873 页。

3 ［唐］杜佑撰，王文锦点校：《通典》卷 200《边防十六 · 北狄七》，北京：中华书局，1988 年，第 5494 页。

4 ［宋］黎清德编，王星贤点校：《朱子语类》，北京：中华书局，1986 年，第 3328 页。

5 林冠群：《隋唐君主可汗号比较研究》，《中央民族大学学报》（哲学社会科学版），2019 年第 3 期。

6 柏俊才：《〈木兰诗〉的作时与文本经典化》，《上海大学学报》（社会科学版），2019 年第 1 期。

录及其时代问题》[1]以及《〈木兰诗〉的著录及其时代问题续证》[2]中通过追溯古典文献中出现的有关《木兰诗》的题注的源流以及诗中名词、物词和用语习惯说明该诗为唐代文人所作。这种考证方式只能表明《木兰诗》是由唐代文人记述的，无法证实叙事情节发生在唐代。有一种可能性是，该诗作为民间文学在唐代之前为口头传播，由唐人记录下来，因而带有唐代文学的语言特色。

关于《木兰诗》的形成年代，经过诸多考证和分析，当代学界较为认可的是“北朝（北魏）说”。赵从仁在《〈木兰诗〉的著录及其时代问题》中，反驳了齐天举的结论，并指出：“《木兰诗》作为一首民歌，经过唐人的修改，打上唐代的一些烙印，也是十分明显的。如‘策勋十二转’就是唐代的官制。但我们在探讨这首诗产生的时代问题时，必须首先注意到它具有明显的北朝色彩。只有这样，才不会把成熟于北朝的作品，硬拉到唐代去。”[3]曾庆盈的《“木兰从军”歌谣及北魏“天子”和“可汗”的并存》将这首民歌产生年代的范围缩小至北朝第一个王朝——北魏（386—557年）年间。[4]他在文中提及郭茂倩的《乐府诗集》言明《木兰诗》是征引自南朝陈（557—589年）的僧人学者智匠所编的《古今乐录》，虽然后者今已不存，但从现今掌握的关于《古今乐录》的知识来看，大部分学者都认同

1 齐天举：《关于〈木兰诗〉的著录及其时代问题》，《文学遗产增刊》第十四辑，1982年，第165-181页。

2 齐天举：《〈木兰诗〉的著录及其时代问题续证》，《文学遗产》，1984年第1期。

3 赵从仁：《〈木兰诗〉的著录及其时代问题》，《中州学刊》，1985年第5期。

4 曾庆盈：《“木兰从军”歌谣及北魏“天子”和“可汗”的并存》，《江西社会科学》，2016第12期。

郭茂倩将《古今乐录》作为《木兰诗》源头的看法。《乐府诗集》与《古今乐录》将《木兰诗》归在“梁鼓角横吹曲”的北朝（386—581 年）民歌篇目中，从民歌叙述的事件以及描绘的场景，还有“天子”“可汗”称呼的并存来看，《木兰诗》中所记述的木兰故事雏形多半源起于北魏。柏俊才的《〈木兰诗〉的作时与文本经典化》结合历史记载和地理研究，证实了诗中提到的“黑山”“燕山”就是北魏和柔然之战的燕然山，因此《木兰诗》诞生于北魏无疑。本文沿袭学界共识，将《木兰诗》看作是一首产生于北魏时期，由民间创作经过文人润饰，并在以后的时期里不断经历文学性加工的民歌。[1]

在中国历史上，北魏具有非常特殊的地位，“它是由少数民族部落转型而来的封建集权帝国”[2]，其“迥然不同于汉民族建立的封建王朝的地方，那就是妇女地位比较高”[3]。北魏是鲜卑拓跋氏建立的少数民族政权，长期以来的游牧民族文化心理让北魏延续了鲜卑母系社会“重母”的传统，在其部落时代已有强势女主出现，甚至有“女国”的称号。[4]北魏建国后，这种传统一直延续下去，在近 150 年的时间里，太后 / 皇后当政的时间超过二分之一，贯穿整个北魏时期。此外，从孝文帝开始，北魏便一直实施女官制度，虽然这些女官的活动范围仅限于后宫，但部分女官可以通过协助皇帝处理前

1 屈雅君：《中国文学：关于女性的叙事》，北京：人民出版社，2014 年，第 463 页。
2 陈开颖：《性别、信仰、权力——北魏女主政治与佛教》，郑州：郑州大学出版社，2017 年，第 1 页。
3 宋其蕤：《北魏女主论》，北京：中国社会科学出版社，2006 年，第 46 页。
4 宋其蕤：《北魏女主论》，北京：中国社会科学出版社，2006 年，第 47 页。

朝官员的奏事来“干涉王务”。[1]由此可见，女子在当时具有较高的地位，这一点从《颜氏家训》中也能得到佐证：“邺下风俗，专以妇持门户，争讼曲直，造请逢迎，车乘填街衢，绮罗盈府寺，代子求官，为夫诉屈。此乃恒、代之遗风乎？”[2]关于恒、代是什么地方，阎若璩在《潜邱札记》中给出了解释：“有以恒、代之遗风问者，余曰：拓跋魏都平城县，……县属代郡，郡属恒州，所云恒、代之遗风，谓是魏氏之旧俗耳。”[3]“魏”指的就是北朝鲜卑族建立的魏国。在北魏时，专以妇女当家，女子可以与他人争辩是非、应酬交际，可以乘车马外出，可以到别人家做客，还能替儿子求官，为丈夫申冤。由此见之，在当时，女子具有一定的社会经济地位，其合法权益得到国家承认和保护。另一首北朝民歌《李波小妹歌》中描绘的场景：“李波小妹字雍容，褰裙逐马如卷蓬。左射右射必叠双。妇女尚如此，男子安可逢”[4]，则说明了在北魏时期女子习武并不罕见，甚至可以说已经形成了一种尚武的社会风气。从易装从军与社会道德规范的冲突来看，在封建社会，女子易装从军显然是不被允许的，但在北魏这个特殊的历史时期，其颠覆性远不如后世木兰文本中表现出来的那样强烈。在这样一个女子地位较高、女性尚武的时代，女子易装从军仿佛具有了某种合理性。北魏历史中也许真的有过木兰原型，其原型可能是一个，也可能是多个，甚至易

1 苗霖霖：《北魏女官制度考略》，《济南大学学报》（社会科学版），2015 年第 1 期。
2 [北齐] 颜之推撰，程小铭译注：《颜氏家训》，贵阳：贵州人民出版社，2000 年，第 29 页。
3 [北齐] 颜之推撰，程小铭译注：《颜氏家训》，贵阳：贵州人民出版社，2000 年，第 30 页。
4 刘让言、林家英等选注：《中国古典诗歌选注》，兰州：甘肃人民出版社，1981 年，第 510 页。

装从军可能是一种并不罕见的社会现象。或许正是基于此，广大劳动人民便通过民歌真实反映这种社会现实，同时在民歌中表达对以木兰为代表的这类女子的钦佩与赞颂之情。

木兰展现出的最让人钦佩的品质无疑是“孝”。民歌结尾的“阿姊闻妹来，当户理红妆”，说明木兰还有一个姐姐，可见木兰并非长女，即便“阿爷无大儿，木兰无长兄”，替父从军的责任也不是非落到她身上不可。换句话说，木兰并不是必须挑起家庭重担，但她却毅然勇敢地承担起来。不论当时的社会风气对易装从军宽容与否，能做出替父从军这个选择，说明木兰是把家庭放在第一位，并且愿意随时为之牺牲，足见其超越一般女子的勇气与孝心。虽然做出了替父从军的决定，但木兰心中也是忐忑的。临行前，木兰“东市买骏马，西市买鞍鞯，南市买辔头，北市买长鞭”，鞍鞯、辔头、长鞭都是装配骏马的器具，按理说有骏马卖的地方，周围应该也可以买到其配套器具，即便一个市场买不齐，也不至于非要跑遍分属于东西南北的四个市场才能买齐。显然这里采用了铺陈夸张的叙述手法，这样的描述，除了能让结构布局变得工整对称，更能展现木兰对家庭的依恋，分别跑去四个市场购买战斗用具，可以理解为一种拖延行为，突出强调了木兰迟迟不愿离家的心态。一位年轻的女孩，第一次离开父母，奔赴生死未卜的战场，内心怎么可能没有惧怕，怎么可能对家庭没有眷恋，其行动怎么可能不游移不定？后面紧接着的两句“不闻爷娘唤女声，但闻黄河流水鸣溅溅……不闻爷娘唤女声，但闻燕山胡骑鸣啾啾”更是与此相呼应，将对家庭的依恋与不得不奔赴战场的冲突放在明处，细致入微地描绘了木兰犹豫矛盾的心理。木兰，不过是一个单纯活泼的少女，她虽然选择了替父从军，但依然对自己的未来有所担忧，依然对家庭的温暖有所眷恋。木兰的“孝”通过这种内心冲突表现得淋漓尽致，即便拖延、徘徊、犹疑，但她最终还是摒弃了个人愿望与需求，选择了为家庭牺牲。由于民歌的创作主体是广大劳动人民，其“情感冲动、直觉感受很少受到当时占统治地位的思想体系的干扰”[1]，往往是“我口唱我心”，表达的情感也是朴素真挚的。所以在《木兰诗》中，木兰是有血有肉的，她的“孝”是女儿发自内心对年迈父亲的怜爱，是骨肉亲情最质朴真实的流露，她不是道德模范，也不是主题先行的符号化人物。《木兰诗》展现的“孝”更多的是一种人类普遍共有的情感，出自一种本能，是基于个人感情做出的选择。

即便民风自由开放，北魏毕竟是个封建王朝，且从孝文帝开始便一直推行汉化改革，吸收大量儒家思想，虽然保留了游牧民族“重母”的传统，使得当时女子的地位比较高，也只是让女性在社会规范允许的范围内拥有相对大的自由。或许在当时女子易装从军带来的颠覆性远不如后世木兰文本表现出的那样强烈，但木兰始终面临这样一个问题：即战争结束后，失去了为父牺牲这个从军理由的她将何去何从？她的从军行为能否继续进行下去？最终，《木兰诗》用“可汗问所欲，木兰不用尚书郎，愿驰千里足，送儿还故乡”给出了答案。木兰“开我东阁门，坐我西间床，脱我战时袍，着我旧时裳。当窗理云鬓，

1 李惠芳：《中国民间文学》，武汉：武汉大学出版社，1996 年，第 25 页。

对镜帖花黄”，彻底恢复了女性身份，又回到社会规范中。这客观上形成了一条封闭、完整的叙事环线——木兰从家庭中走出，最终又回到了家庭之中。木兰出格的易装行为就这样被为了父亲的从军动因与回归家庭的价值选择消解了。

后世木兰文本往往通过强调易装从军对儒家传统道德伦理的颠覆来强化木兰的“孝”，木兰易装从军的冲突性、颠覆性越强，便越能体现出木兰的“孝”。同时，这些文本更无限凸显木兰的“替父”与“归家”，力求通过这种更高一层的“守礼”行为掩盖易装这一“越礼”行为。更高一层的道德伦理“孝”掩盖了易装从军对传统道德伦理的冲击，这样的“孝”承载了更多的道德说教意味，木兰也最终被塑造成孝道的化身。抛却后世文本层层加诸木兰身上的如“忠、孝、义、勇、烈”等美好道德品质，打破其儒家道德典范的外壳，仅立足于《木兰诗》这一木兰原初文本去探析最初的木兰形象，可以看到木兰形象的复杂性。她是“孝女”，同时也是一位单纯活泼的“少女”，她是有血有肉的人，而不仅仅是一个道德化的符号。《木兰诗》有着封闭的叙事结构，在交代了大致情节、勾勒了人物轮廓后还留有大量空白，正因如此，木兰形象才在后世文学中不断被丰富、演变、建构和解构，在不同时代、性别、身份的作者笔下呈现出不同的形象特质。

第二节 儒家道德典范——唐至清代木兰文本

《木兰诗》诞生于北魏，经过南朝、隋代、唐代文人的记录和润色，才成为人们今日所看到的形态。载于郭茂倩编纂的《乐府诗集》中的《木兰诗》虽然在言语用词上经过了文人的艺术加工，但仍然保留了民间故事的内核与质朴风格，木兰展现出一种未被教化和框定的民间气质。自唐代开始，从《木兰诗》衍生而出的文学作品不计其数。木兰以其展现出的“孝”品质成为封建文人们歌颂、赞誉的对象，历朝历代的文人们站在本阶级的立场上，结合当时的社会语境和个人意志，重述木兰故事，重塑木兰形象。唐代统治者实行“以孝治国”的文化政策，因而创作于此时的木兰衍生文本强调木兰的“孝”，进而移孝为忠，成为统治阶级教化民众的工具；宋代理学兴盛，到了元代理学成为官学，影响深远。理学对士大夫提出了更高的道德要求，但也导致了更为严酷的妇女节烈观，“饿死事小，失节事大”[1]的价值取向影响着宋元文人对木兰的认识和塑造。这一时期问世的木兰衍生文本极力展现木兰的贞烈，从而塑造贞节烈妇的典型；到明代和清代，封建专制制度逐渐发展至巅峰，妇女贞节观呈现出神秘化、宗教化趋势，变成迷信和教条。社会对女性的要求愈加苛刻，从上至下形成了对“节妇烈女”的表彰制度。明清文人在描绘木兰形象时，倾向于将“忠、孝、义、勇、贞、烈”等美好特质加之其身，创造封建道德典范，达到钳制民众思想、维护王朝统治的目的。中国古代木兰文本

1 [宋] 程颢、程颐：《二程遗书》卷二十二，上海：上海古籍出版社，2000 年，第 356 页。

中的木兰形象，实际上经历的是一个由“人”到“神”的演进历程。

一、唐代木兰——移孝为忠

唐代是《木兰诗》流传演绎的最初阶段，这一时期出现了相当多的木兰故事衍生文本，涉及诗歌、散文、小说多种体裁。《木兰诗》在唐代有着较高的接受度，在很大程度上是由当时的社会政治环境、经济发展水平、文化审美趣味等因素决定的。东汉末年以来的各朝各代基本都处于分裂割据状态，其间有过短暂的统一，但仍未改变南北对峙的格局。589年，隋朝结束了南北分裂的局面，重新完成了统一，并在政治、经济、文化、军事和外交方面实行改革，为唐朝的繁荣昌盛奠定了基础。虽然隋朝末年政局不稳，社会动荡，各地农民起义纷起，但是这段混乱时期并没有持续多久，李唐王朝很快歼灭群雄，统一天下。国家统一是经济发展的基础，唐代人口增长迅速、耕地面积大幅度增加，运河的开凿贯通政治中心、军事中心、经济中心，进一步维护了民族团结和商业流通，促使唐代成为中国古代历史的鼎盛时期。

稳定的社会环境与丰厚的物质基础推动了唐代文化的发展，形成了自由活跃、多元开放的文学生态。正是这种兼收并蓄的文化氛围培养出一批胸怀宽广、善于学习，并且具有强烈自信心，能在继承前人优秀成果的基础上大胆创新的杰出人才。例如，李白的赋体诗表现出对宋玉的继承和推崇[1]，《拟古十二首》是对六朝文学资源的借鉴[2]。元代陈绎曾在《诗谱》中评价道："李白诗祖风骚，宗汉魏，下至鲍照、徐、庾亦时用之。"[3]可见，唐代文人极其擅长从前代诗词歌赋和文章评议中汲取养分，启发和滋润自己的文学创作。葛晓音的《盛唐清乐的衰落和古乐府诗的兴盛》一文论证了古乐府诗在盛唐时极为流行："盛唐乐府诗的艺术质量，更是前无古人，后无来者。除了古题乐府诗以外，盛唐各类诗体，尤其是绝句、七古的风格、语言也都明显受到乐府诗的影响。因此可以说，古题乐府诗在盛唐的兴盛是不容怀疑的事实。"[4]如此一来，《木兰诗》被唐代文人化用、征引、仿作便不足为奇。

唐代文人或者直接将《木兰诗》中的成句化用于己作当中，或者征引木兰典故，借鉴其艺术手法。孟郊《吊卢殷·其二》的前四句："唧唧复唧唧，千古一月色。新新复新新，千古一花春"[5]，既用了《木兰诗》中的句子，又模仿了其叙事风格。元稹《估客乐》："估客无住著，有利身即行。出门求火伴，入户辞父兄。父兄相教示，求利莫求名。求名有所避，求利无不营。火伴相勒缚，卖假莫卖诚"[6]，对"火伴"的运用显然出自《木兰诗》。李白《送白利从金吾董将军西征》："抗手

1 张思齐：《从辞赋源流看李白对宋玉的继承》，《广东社会科学》，2021 年第 4 期。

2 张一南：《李白〈拟古十二首〉及其意象构建》，载《中国李白研究（2019 年集）》，2019 年，第 156–174 页。

3 [元] 陈绎曾：《诗谱》，载陈伯海主编，查清华等编撰：《历代唐诗论评选》，保定：河北大学出版社，2003 年，第 256 页。

4 葛晓音：《盛唐清乐的衰落和古乐府诗的兴盛》，《社会科学战线》，1994 年第 4 期。

5 刘枫主编：《孟郊诗集》，银川：阳光出版社，2016 年，第 206 页。

6 谢永芳编著：《元稹诗全集》，武汉：崇文书局，2016 年，第 493 页。

凛相顾，寒风生铁衣”[1]，则是仿写了“寒光照铁衣”。唐代文人当中，杜甫在叙事诗方面取得了极高成就，他对《木兰诗》的喜爱程度和学习深度远超旁人。刘克庄在《诗话》以及吴子良在《荆溪林下偶谈》中都指出杜甫的《草堂》“旧犬喜我归，低徊入衣裾。邻里喜我归，沽酒携胡芦。大官喜我来，遣骑问所须。城郭喜我来，宾客隘村墟”[2]模仿了“爷娘闻女来，出郭相扶将”。明钟惺曾据此推测杜甫极喜爱《木兰诗》。[3]杜甫在《新安吏》《兵车行》体现出的直言其事、浑然质朴的特点也有《木兰诗》的影子，其擅长采用口语、俚语入诗的风格也是对《木兰诗》中俗语运用技巧的吸收和发展。这些范例都证明了《木兰诗》在唐代的接受度之广，以及唐代文人对其认可程度之深。

此外，唐代还有直接以“木兰”为言说主体的诗歌创作，多数为七言短诗。主要有：

戏题木兰花[4]

白居易

紫房日照胭脂拆，素艳风吹腻粉开。
怪得独饶脂粉态，木兰曾作女郎来。

1 王启兴主编：《校编全唐诗》上，武汉：湖北人民出版社，2001 年，第 636 页。
2 王启兴主编：《校编全唐诗》上，武汉：湖北人民出版社，2001 年，第 828 页。
3 [明] 钟惺、谭元春选评，张国光等点校：《诗归》，武汉：湖北人民出版社，1985 年，第 283 页。
4 王启兴主编：《校编全唐诗》中，武汉：湖北人民出版社，2001 年，第 2060 页。

题令狐家木兰花[1]

白居易

腻如玉脂涂朱粉，光似金刀剪紫霞。

从此时时春梦里，应添一树女郎花。

和白使君木兰花[2]

徐凝

枝枝转势雕弓动，片片摇光玉剑斜。

见说木兰征戍女，不知那作酒边花。

题木兰庙[3]

杜牧

弯弓征战作男儿，梦里曾经与画眉。

几度思归还把酒，拂云堆上祝明妃。

白居易的两首关于木兰的诗都写得异常香艳，并且丝毫不提木兰的“男性身份”，唯独关注了木兰的女性特质，用“胭脂”“腻粉”“脂粉”“玉脂”“朱粉”“紫霞”“春梦”来完成男性文人对木兰外貌、体态、身姿的幻想。从《戏题木兰花》中的“戏”字也能看出这首诗不过是白居易兴之所至时，以一种逗弄的态度写下的作品。而徐凝的《和白使君木兰花》

1 王启兴主编：《校编全唐诗》中，武汉：湖北人民出版社，2001 年，第 2136 页。

2 王启兴主编：《校编全唐诗》中，武汉：湖北人民出版社，2001 年，第 2373 页。

3 [唐] 杜牧撰，[清] 冯集梧注，陈成校点：《杜牧诗集》，上海：上海古籍出版社，2015 年，第 317 页。

便是为应和白居易的这首《戏题木兰花》所做，"白使君"指的就是白居易。此诗虽然提及了木兰的"男性身份"，但在描绘木兰的女性形象时，仍以一句"不知那作酒边花"将其塑造得娇柔多情。至于杜牧的《题木兰庙》，则在最后一句提到了"明妃"，即王昭君，将木兰与王昭君相类比，用"梦妆""思归""把酒""祝明妃"等细节展现了两位女英雄的凄楚与忧伤，一方面表达诗人对英雄的敬佩之情，另一方面也是借二人的典故隐晦地表达对当时朝廷无为的不满。保家卫国的责任竟要女人承担，岂不说明男性统治者的无能？由于这些作品篇幅比较短小，基本没有叙事情节，所以木兰更多是诗人抒发主观情感的媒介。实际上，封建社会的男性文人在描绘女性形象时总是将个人情感、审美倾向倾注其中，往往基于自身文化立场，在叙事话语中对人物原型进行再造，使其笔下的女性形象为达到他们的目的、满足他们的想象而服务。

除了这些短诗，创作于唐代且对后世影响较大的木兰衍生文本是韦元甫的仿作。

木兰歌[1]

韦元甫

木兰抱杼嗟，借问复为谁。欲闻所戚戚，感激强其颜。老父隶兵籍，气力日衰耗。岂足万里行，有子复尚少。胡沙没马足，朔风裂人肤。老父旧羸病，何以强自扶。木兰代父去，秣

1 [宋]郭茂倩编：《乐府诗集》上，北京：中华书局，2019年，第382页。本书《木兰歌》（韦元甫）原文引用均出于此。

马备戎行。易却纨绮裳，洗却铅粉妆。驰马赴军幕，慷慨携干将。朝屯雪山下，暮宿青海傍。夜袭燕支虏，更携于阗羌。将军得胜归，士卒还故乡。父母见木兰，喜极成悲伤。木兰能承父母颜，却卸巾鞲理丝簧。昔为烈士雄，今复娇子容。亲戚持酒贺，父母始知生女与男同。门前旧军都，十年共崎岖。本结兄弟交，死战誓不渝。今也见木兰，言声虽是颜貌殊。惊愕不敢前，叹重徒嘻吁。世有臣子心，能如木兰节。忠孝两不渝，千古之名焉可灭！

这是唐代木兰衍生文本中篇幅较长、叙事也较详细的一部作品。韦元甫的《木兰歌》沿袭了《木兰诗》的大致故事脉络，又增添了对战争细节的描写以及诗人对木兰的主观评价。相对于语言质朴、浑然天成的《木兰诗》，韦元甫的《木兰歌》表现出鲜明的文人色彩，议论教化之语居多，难免带有某些矫揉造作的气息。萧涤非在《论〈木兰诗〉》中说，《木兰歌》“与此优劣悬殊，可不置辩”[1]。两部作品开头都通过木兰的叹息引出其易装从军的原因——老父体弱，从军凶险，替父从军实为不得已。不同的是，《木兰诗》先写“不闻机杼声，唯闻女叹息”，至于为什么叹息，后面用问答的形式：“问女何所思，问女何所忆。女亦无所思，女亦无所忆。昨夜见军帖，可汗大点兵。军书十二卷，卷卷有爷名。阿爷无大儿，木兰无长兄……”说明了叹息的原因，而后又用“愿为市鞍马，从此替爷征”表明替父从军的决心。这里采用的是第一人称，借用木兰的口吻

1 萧涤非著，萧光乾选编：《萧涤非文选》，济南：山东大学出版社，2006 年，第 43 页。

说明情况、表达情感，语言自然质朴。在说明木兰替父从军的原因时,《木兰诗》只是简单交代了客观情况——“军书十二卷，卷卷有爷名”以及家庭情况——“木兰无长兄”，但《木兰歌》却对老父的身体状况以及“木兰无长兄”这一窘迫的家庭现状极尽铺陈渲染之能事：“老父隶兵籍，气力日衰耗。岂足万里行，有子复尚少。胡沙没马足，朔气裂人肤。老父旧羸病，何以强自扶。”基于此，才有了“木兰代父去，秣马备戎行”这一结果。如此一来，便更能衬托出木兰“替父从军”这一行为展现出来的“孝道”意义与价值，同时减少木兰易装从军对传统道德伦理的冲击。不仅如此，诗人还在诗歌末尾加上了自己的议论：“世有臣子心，能如木兰节，忠孝两不渝，千古之名焉可灭！”直白点明木兰就是“忠孝两全”的封建道德典范。

为何韦元甫着力强调木兰的孝？这与当时的社会风气脱离不了关系。唐代出现了“尊儒、崇道、重佛”的局面，各家为了推动自身学说的发展，皆使其思想体系向有利于王权巩固与社会教化的方向靠拢，“以儒家为主，三教在缓解社会矛盾、维护社会秩序上，互为补充互相促进”[1]。而对于统治者来说，三教不过是加强中央集权、维护君主专制的工具，根据不同时期的统治需要，统治者对儒、释、道三教有不同的偏重。唐玄宗特别重视儒家讲的孝道，他还“亲自重注《孝经》，在玄宗统治时期，孔子及其弟子的社会地位，远远超过了自汉至隋，儒学也是唐一代最兴盛之时”[2]。此后长达八年的“安史之乱”

1 蔺熙民:《隋唐时期儒释道的冲突与融合》,陕西师范大学博士学位论文,2009年,第70页。
2 李斌城:《唐代文化》上，北京：中国社会科学出版社，2002年，第65页。

沉重打击了儒学的发展，但是到唐代宗执政时期，儒学又得以复兴。代宗宣称："志于求理，尤重儒术，先王设教，敢不底行"[1]，继续推崇儒家道德。虽然韦元甫生年不详，但根据《旧唐书》记载，其曾任滑州白马尉、苏州刺史、浙江西道都团练观察使等，大历初年（766 年）任尚书右丞，在此之后又任扬州大都督府长史，兼御史大夫、淮南节度观察等使，卒于大历六年。由此推之，韦元甫生于玄宗中后期，卒于代宗后期，他成长、学习、做官期间正是统治者着力推行儒家道德时期。不仅如此，在唐代，官员的选拔升迁与"孝道"紧密结合在一起。自西汉的察举孝廉制始，历代统治者便以"孝"作为选拔官员的重要标准，唐时亦如此。唐代大多数皇帝都曾下诏要求举荐孝廉有能之士，如太宗曾"手诏举孝廉茂才异能之士"[2]，高宗下《访孝悌德行诏》[3]，德宗下《访至孝友弟诏》[4]等。唐代还通过科举制度将对"孝德"的考察转变为一种制度化的标准，《孝经》成为科举考试的必考内容。除此之外，唐代要求官员成为孝德表率，并根据官员的表现对其进行奖惩，作为贬谪升迁的依据。最重要的是，劝孝是唐代官吏的重要职责，唐代官员有对民众进行孝道教化的责任，对孝行突出者要进行表彰，对不孝者要予以惩戒，朝廷还要对地方官员是否推行孝道教化进行考核和

1 [宋] 宋敏求编，洪丕谟、张伯元等点校：《唐大诏令集》，上海：学林出版社，1992 年，第 539 页。

2 [晋] 刘昫等撰：《旧唐书》，长春：吉林人民出版社，1995 年，第 34 页。

3 [宋] 宋敏求编，洪丕谟、张伯元等点校：《唐大诏令集》，上海：学林出版社，1992 年，第 520 页。

4 [宋] 宋敏求编，洪丕谟、张伯元等点校：《唐大诏令集》，上海：学林出版社，1992 年，第 476 页。

监督。[1]韦元甫初任滑州白马尉时便以吏术知名，后因“有器局，所莅有声”得到升迁，最后官至淮南节度使，手握重兵，成为一方大员。故而《木兰歌》极有可能是他为了履行劝孝义务，出于道德教化目的而创作的一部作品。韦元甫在对《木兰诗》的重塑过程中着力强调作品的教化功能与伦理内涵，并有意向平民灌输纲常伦理，试图通过对民间作品进行仿作使伦理教化世俗化，易于平民接受。因此他直白地展现木兰身上的“忠孝”特质，用一句“忠孝两不渝”为木兰下了定义。《木兰诗》描绘的是底层群众的生活，展现的是劳动人民的真情实感，作为统治阶层的一员，韦元甫并不熟悉他要描写的人物，也不熟悉人物所处的环境和人物的生活经历，更难以体会到人物的情感。带着道德教化的目的，他笔下的木兰不再是《木兰诗》中活泼质朴的孝女形象，反而成为符号化的儒家道德模范。

如果说韦元甫的《木兰歌》在对“孝道”的展现上与《木兰诗》还算一脉相承，那么二者最大的区别在于前者不仅凸显木兰的“孝”还强调了木兰的“忠”。也有学者在分析《木兰诗》主旨时提出“尽忠说”，认为木兰为国征战十二年是一种为国尽忠的行为。但是，木兰选择奔赴战场的主要原因还是为尽孝，从其离家前拖延、徘徊、犹疑的态度来看，若家中有其他男性能承担起兵役重担，木兰决计不会选择易装从军。木兰从军是被迫的，不包含一丝主动性，也丝毫没有因为“战火纷飞，人民流离失所”而想要为保家卫国贡献一份力量的决心。甚至作

1　李庆阳:《孝文化的传承与创新——基于大唐盛世的考察》，西安：西安电子科技大学出版社，2015 年，第 68-69 页。

为木兰为国尽忠最直接表现的战场作战场景在《木兰诗》中也只以寥寥几句带过，其余更是没有任何能将“木兰”与“尽忠”联系在一起的词句。若说她为国征战十二年是一种尽忠行为，那这也只是尽孝的副产品，其主要目的是为了父亲而不是为了国家。而韦元甫为表现木兰的“忠”，不仅在原诗基础上扩写了战争场景，还在结尾处用“本结兄弟交，死战誓不渝”展现将士们为国征战、誓死不渝的决心，最后以议论句点出木兰的“忠孝两不渝”。

之所以出现这样的差异，与两个时代奉行的忠孝观有着密切联系。魏晋时期形成的是孝亲先于忠君的观念，“表现在在忠孝观冲突时，先选择‘孝’。”[1]“自晋之后，门阀制度的确立，促使孝道的实践在社会上具有更大的经济上与政治上的作用，因此亲先于君，孝先于忠的观念得以形成”[2]，几乎整个魏晋南北朝时期皆奉行这样的忠孝观。“然而孝道的过分发展必然要妨碍到忠节，到了唐代，一统帝国专制君主的权威业已建立，那种有害于君主利益的观点随着旧门阀制度的衰落而趋于消沉”[3]。也正是因为这种不同的忠孝观，《木兰诗》仅颂扬木兰的“孝”，但唐代韦元甫的《木兰歌》则为了适应当时占统治地位的思想体系的要求将木兰塑造成既孝且忠、忠在孝前的典范形象。

虽然唐代受儒家文化影响至深，但唐算得上是中国历史上极为开放的朝代。其开放性诚然比不上仍残留着游牧民族遗风

1 谭洁：《魏晋时期的孝道观》，《武汉大学学报》（人文科学版），2003 年第 4 期。
2 唐长孺：《魏晋南北朝史论拾遗》，北京：中华书局，1983 年，第 238 页。
3 唐长孺：《魏晋南北朝史论拾遗》，北京：中华书局，1983 年，第 247 页。

的北魏，然而，唐代毕竟出现了武则天这位女帝，也长期施行过女官制度，女性能力比较受到重视。因此，韦元甫在《木兰歌》中也写下了"亲戚持酒贺父母，始知生女与男同"这样较为进步的词句。但这种进步性仅体现在对女性能力的肯定上，实际上"生女与男同"更多表达的是女性有承担男性义务的能力，有能力的女性可以更好地为国家服务，但对于女性能否享有与男性同等的权利，能否拥有与男性平等的地位，诗歌给出了否定的回答。《木兰诗》中，"将军百战死，壮士十年归"后，木兰还享受过"归来见天子，天子坐明堂。策勋十二转，赏赐百千强"的待遇，而在《木兰歌》中，战争结束后，是"将军得胜归，士卒还故乡"，紧接着便是"父母见木兰，喜极成悲伤"。一旦木兰尽完自己应尽的义务，她便没有任何理由留在男性领域了。

唐代的木兰衍生文本可以说是开创了古代木兰叙事的先河，此后宋元明清时期创作完成的木兰文本基本继承了唐代木兰文本的核心内容。一是宋代之后的许多木兰文本继承了唐代木兰诗歌的情色想象传统，描绘了《木兰诗》中从未提到的对木兰的外貌身姿的幻想，并由"美貌"联想到"色欲"，又通过木兰以死维护贞洁的行为，将其塑造为"死烈"的道德典范；二是自韦元甫的《木兰歌》为木兰增添了"忠"这一特质后，后世木兰文本几乎从未试图将"忠"从木兰身上剥离，反而愈演愈烈，"忠"逐渐成为木兰备受肯定的原因；三是后世许多木兰文本虽然表现出对木兰能力的肯定，但如韦元甫的《木兰歌》一样，在肯定木兰能力的同时，又将其能力适用范围限定于为封建王朝服务，同时避谈或否定木兰的权利。

二、宋元木兰——贞节烈妇

唐凯麟、王泽应在《中华民族道德生活史·宋元卷》中对宋元时期的道德伦理观做出了如下概述："宋元时期是中国封建社会进入成熟并呈现出某种由盛而衰发展趋向的历史时期，伦理道德和社会文化也发展到一个日趋精致、成熟且产生一些僵化乃至衰朽迹象的历史时期……宋元时期，以'三纲'为核心、以'忠孝节义'为主要表现形式的封建主义伦理道德体系在理学的创制中走向完备……君权、父权、夫权绝对化成为君主专制中央集权进一步强化的需要和表现，成为压抑人性或如后世学者批评的'以理杀人'的工具。"[1]如果说在北魏，女性还具有比较高的社会地位，在唐朝，女性还有在森严的社会伦理制度下喘息的余地，那么到了北宋，随着朱熹提出"存天理、灭人欲"的主张，封建伦理规范对女性提出了更为严苛的要求。陈东原在《中国妇女生活史》中也指出，"自宋人对贞节的态度加严后，夫死守节，差不多为个个妇人应尽的义务，甚言之，这种观念差不多成为人们下意识了"，元代更是"提倡贞节之极致"。[2]

宋元时期的纲常礼教特别强调女子的"孝义"与"贞节"，这从由唐到宋《列女传》立传标准的变化中便可窥见一二。唐

1 唐凯麟、王泽应：《中华民族道德生活史·宋元卷》，上海：东方出版中心，2015年，第2页。
2 陈东原：《中国妇女生活史》，上海：上海书店，1987年，第177页。

代，房玄龄主持重修《晋书》，他在《晋书·列女传》的序言中表明其立传标准："一操可称，一艺可纪。"[1]即"德、才、节、义"出众者皆能入《列女传》，这些被歌颂的女子或才华胆识出众，或崇尚贞顺节义。但到了宋代，欧阳修等人修著的《新唐书·列女传》的立传标准就变成了"尤重忠孝节烈，鲜有才识"[2]，元末修撰的《宋史·列女传》的立传标准则进一步演变成了"首倡节烈，次伸孝义，尤重乱世殉义者"[3]，这就导致"宋史中的列女人数有46人……其中贞节烈女类有41人，孝义类有5人……并且在这46人中，有36人是非自然死亡的，比例超过80%"[4]，她们或是为保持自身的贞节而自杀，或是为救父救母而献出生命，基本没有凸显个人才情与巾帼英雄的类型。因此，宋代的木兰文本很少提及木兰故事的详细内容，而更注重将木兰抽象成"孝义节烈"的道德符号。

宋林同撰《孝诗》作为普及《孝经》等儒学经典的读物，收录诗歌三百首，分类歌咏与孝道孝德有关的人、事、物。其中《妇女之孝二十首》之十为《木兰》，里面有这样的记叙："谨勿悲生女，均之有至情。萦能赎父罪，兰亦替爷征。"[5]此诗主要赞美木兰的"父孝"，将木兰与孝女缇萦并称，其目

1 [唐]房玄龄等撰，曹文柱等标点：《晋书》卷九十六，长春：吉林人民出版社，1995年，第1516页。

2 张园：《论〈明史·列女传〉中母亲形象的弱化》，南京师范大学硕士学位论文，2015年，第38页。

3 张园：《论〈明史·列女传〉中母亲形象的弱化》，南京师范大学硕士学位论文，2015年，第39页。

4 张榕蓉：《浅析〈晋书·列女传〉与〈宋书·列女传〉不同的女性观》，《黑龙江史志》，2013年第13期。

5 蔡践解译：《孝经全鉴》，北京：中国纺织出版社，2016年，第296页。

的是将木兰塑造为具有象征意义的模范孝女形象，以此告诫民众尽孝不分男女，女性与男性同样有尽孝的责任和能力。刘克庄曾作《木兰诗》："出塞男儿勇，还乡女子身。尚能降北虏，断不慕东邻。"[1]在歌颂木兰勇猛的同时也不忘对其"女子身"进行渲染。刘克庄在《后村诗话》中对木兰进行了这样的评价："但木兰始代夫征伐，终洁身来归，仲卿妻死不事二夫，二篇庶几发于情性，止乎礼义。"[2]将木兰与仲卿妻相类比，认为两人都是节烈女子的典范。由此见之，其诗中的"还乡女子身"不单指木兰恢复女装，更指其归来仍是完璧之身，凸显的是木兰的贞节。而"断不慕东邻"做何解，《后村诗话》中也给出了答案。在评价完木兰后，刘克庄紧接着写道："店家女则异是，王妪儿虽蓬头历齿，母许婿之矣。女慕郑家郎裘马之盛，背母而奔之。"[3]店家女显然是与木兰、焦仲卿妻相对的反面事例，刘克庄无疑是批判这种"慕邻男而奔之"的行为，所以在歌颂木兰的"节烈"时用了这个典故，以"断不慕东邻"说明木兰绝不是店家女那样不知检点的女子，而是贞节烈妇的典范。

除以上两首短诗外，在宋代，木兰形象更多存于诗话笔记中。程大昌的《演繁露》提及木兰时说："女子能为许事，其义且武，在缇萦上"[4]，点明木兰身上"孝、义、武"的特质。而后，何汶在《竹庄诗话》中转引《乐府题解》云："木兰，孝义女也，勇不足以言之耳。世之女子，有所感激愤厉，或果

1 吴文治主编：《宋诗话全编》第九册，南京：江苏古籍出版社，1988 年，第 9634 页。
2 [宋] 刘克庄撰，王秀梅点校：《后村诗话》，北京：中华书局，1983 年，第 86 页。
3 [宋] 刘克庄撰，王秀梅点校：《后村诗话》，北京：中华书局，1983 年，第 86 页。
4 [宋] 程大昌撰：《演繁录》，济南：山东人民出版社，2018 年，第 283 页。

于杀身而不能成事者，古盖有之。至于去就终始皆得其道，如木兰者鲜矣。作是诗者，词意高古，殆与其人相当。”[1]直接将木兰定义为“孝义女”，并且削弱了木兰的“勇”，认为其“勇”比起“孝义”来说“不足言耳”。木兰的“勇武”就这样被封建文人们否定了，木兰身上除“孝义”之外的特质被一层层剥掉，只留下封建纲常礼教的内核。正所谓“去就终始皆得其道”，木兰最终成为“道”的载体。

元代重修了始建于唐代的木兰祠，现存祠碑两通，位于虞城县城南35公里营郭镇北1公里处[2]。一通为元代侯有造所作的《孝烈将军祠像辨正记》，另一通为清代的《孝烈将军辩误正名记》。其中，《孝烈将军祠像辨正记》是关于木兰的历史叙事较为详尽的一部作品，全文一千七百余字，详细记载了木兰身世、事迹及历代木兰祠的修祠情况。从碑文标题中的“孝烈”二字便可知文章所要表现的木兰形象之本质，即既为“孝女”，又为“烈女”，而尤强调其“烈”。文章开始便写明木兰“本处子”，彰显其贞节。之后大致依照《木兰诗》的故事线索复述了整个故事，同时又在复述时说明“人莫窥非男也”，以此强调木兰从军过程中没人看出她不是男性，其处子身一直保留到战争结束。《孝烈将军祠像辨正记》与《木兰诗》最大的不同是前者续写了结局。《木兰诗》以“出门看火伴，火伴皆惊忙：同行十二年，不知木兰是女郎”作为故事结尾，至于木兰女性身份暴露后发生了什么，民歌并没有交代。但《孝烈将军祠像

1 [宋] 何汶撰，常振国、绛云点校：《竹庄诗话》，北京：中华书局，1984年，第21–22页。
2 河南省文物局：《河南碑志叙录》，郑州：中州古籍出版社，1992年，第268页。

辨正记》紧接着《木兰诗》给出的结尾写道：“咸谓自有生民以来，盖未见也。卫兵振旅还，以异事闻于朝。召复赴阙，欲纳宫中。将军曰：‘臣无媲君礼制。’以死誓拒之。势力加迫，遂自尽，所以追赠有孝烈之谥也。”[1]在木兰女性身份暴露后，皇帝欲纳其为妃，但木兰为了维护君臣之礼和封建伦理而拒绝了皇帝，在皇帝以势逼人时，她更是以死拒之，因此得到了“孝烈”这一美谥。作者实际上延续了在唐代木兰文本中便已出现的男性文人对木兰的情色想象：由“女”联想到“色”，又由“色”联想到“欲”，再由“欲”引出对木兰“死烈”行为的推崇，进而将其塑造为“孝义节烈”的贞节烈妇典范。

实际上，《孝烈将军祠像辨正记》中木兰形象的典范意义不仅表现在告诫女性要“守贞”，更在于告诫男性要“死烈”。元朝是由蒙古族建立的政权，也是第一个以少数民族身份完成统一的封建王朝。在情感上，汉族文人士大夫很难接受少数民族占据中原并成为统治者这一事实。虽然，元代奉行“以儒治国”的策略，加封孔子为“大成至圣文宣王”，并在全国各地建立文庙，采用朱子注解的儒学经典，确定程朱理学的正统地位。但是，元代统治者本身汉化程度不高，对儒学不甚了解也并无兴趣。元代前期的世祖、成宗、武宗都生长于漠北草原，汉语水平以及对汉族文化的认知很浅显，后来的仁宗、英宗等的汉化程度有所提高，不过仍然难以贯通儒学的精深底蕴和制度观念。元代皇帝试图通过制定尊儒策略来加强对华夏汉族的统治，但是在具体实践中以儒学为核心的汉族文化经常在与蒙

1 马俊华、苏丽湘编著：《木兰文献大观》，郑州：河南人民出版社，1993 年，第 8 页。

古文化的抗衡中处于劣势。自隋朝开始，参加科举就一直是天下学子入仕做官的重要途径，蒙古自立国起就未开科取士，直到元仁宗时期才恢复科举制度，而后至顺帝时期又曾停办两次科举考试，导致文人群体对统治阶级产生强烈的不满。元代统治者还对各民族进行等级划分，一等为蒙古人，也是元代的“国族”，二等为色目人，三等为汉人（北方原金朝统治下的汉族人、女真人、契丹人等），四等为南人（多为南宋统治下的汉人）。此时的汉族文人不仅无法施展抱负，还要受到歧视，导致许多人以儒学正典《春秋》中的“华夷之辨”政治伦理观念作为捍卫华夏正统、保护汉族文化的武器，形成一股强势的学术思潮，这从元代在不足百年的历史中却产生了 122 部《春秋》学著作可见一斑。[1]

文人士大夫群体对元代统治阶级的不满也体现在其创作中，侯有造作《孝烈将军祠像辨正记》时已经到了元代末期，皇帝昏庸，朝纲混乱，有大批士人积极响应反元起义。最为典型的如宋濂，据说他亲自为朱元璋撰写以“驱逐胡虏，恢复中华”为口号的讨元檄文，加速蒙元政权的瓦解。[2]结合当时的社会环境来看，侯有造赞扬木兰“以死拒为妃”这一行为未尝不是在影射元代统治者昏庸无道、吏治残暴，讽刺那些卑庸恶蠢之人：“况涉事之艰，处世之变，竟不知死节之义为何如，良可悲耳！”[3]同时，以木兰为例告诫天下男儿，连一个女子都能如此“节烈”，更何况你们呢？所以他才在碑文最后大加

1 刘俊：《元代“华夷之辨”的特质、缘由及影响》，《社会科学战线》，2018 年第 4 期。
2 刘俊：《元代“华夷之辨”的特质、缘由及影响》，《社会科学战线》，2018 年第 4 期。
3 马俊华、苏丽湘编著：《木兰文献大观》，郑州：河南人民出版社，1993 年，第 10 页。

议论："夫孝烈生长闺阁，当隋末杂霸兵争之世，微将军处心，山岳不拔，金石不易，曷以建亘古未闻之功，天地始终之烈也。今几千载，凛凛如生，恶者闻风而感化，变强悍而为纯良；蠢者慕德而改撤，易庸俗而为刚勇；俾薄夫敦，懦夫有立志，岂啻建功立业，超越古今烈女之右，实可为擅丈夫之明，碌碌楦世无能为之流之深耻也。"并表明为木兰建庙立碑撰文是"志在宣化"。[1]可见，不论是在唐还是在宋元，木兰在封建社会男性文人笔下都是一个抽象的道德载体。作为一个审美肖像，木兰传达的是男性文人的政治欲望与利益表达，她不过是居于统治阶级的士大夫群体证明自己某种思想的合法性工具而已。

三、明清木兰——道德楷模

从宋元理学大兴开始，封建社会便初步形成了"饿死事小、失节事大"的女子贞烈观，但由于宋朝边境战事频发、社会动荡不安，加之元朝时游牧民族传统与汉民族道德标准的碰撞冲突，大儒们所推崇的贞烈观并没有在当时产生非常大的社会影响。到了明清时期，社会整体趋于稳定，封建君主专制发展到巅峰，封建伦理道德对女性的要求愈加苛刻。明代，宋濂主持修撰《元史・列女传》；清代，张廷玉主持修撰《明史・列女传》；清末，赵尔巽主持修撰《清史稿・列女传》，这三部《列女传》的立传标准皆为"惟尚节烈"[2]。此时，女子的贤明、

1 马俊华、苏丽湘编著：《木兰文献大观》，郑州：河南人民出版社，1993 年，第 10 页。
2 张园：《论〈明史・列女传〉中母亲形象的弱化》，南京师范大学硕士学位论文，2015 年，第 40 页。

仁智、辩通、才学、义勇等特质都被抛弃了，评价女子的唯一标准变成了忠顺节烈。并且，"忠"与"贞"往往被合在一起，"'忠臣应当死于国难，越惨烈越忠也，女子应当死于贞烈，越悲壮越贞节'，形成了'忠臣不事二主，烈女不更二夫'的理学理念"。[1]故而，明清木兰文本尤为凸显木兰的"贞节"，其中比较有代表性的是明代徐渭在杂剧集《四声猿》中收录的《雌木兰替父从军》（以下简称《雌木兰》）。

比起此前朝代多以短诗或诗话笔记形式存在的木兰文本，《雌木兰》是徐渭在《木兰诗》的基础上扩充而成的一部杂剧，其叙述相当完整，又增添了许多细节，是明清木兰戏的开山之作。由于文本叙事完整，在这部作品中，木兰形象是丰满立体的，也寄寓着更多的社会心理内涵。相较于《木兰诗》开篇用"不闻机杼声，唯闻女叹息"展现木兰从军的被动性，《雌木兰》则用一段唱词"休女身拼，缇萦命判，这都是裙钗伴，立地撑天，说什么男儿汉！"[2]展现出木兰的女性意识。不同于《木兰诗》对木兰从军经历、作战过程的语焉不详，《雌木兰》以浓重的笔墨描绘木兰之作战勇猛、足智多谋，历数木兰之赫赫战功，肯定其女性能力。在以父权观念为核心的封建社会，这具有一定的进步意义。当代对《雌木兰》的分析和评价也主要集中于"男女平等"说，认为徐渭在《雌木兰》中表达了对底层女性悲惨命运的理解与同情，体现了一定程度的"男女平等"的思想，并肯定了女性价值，徐子方、金宁芬等都曾在论文或专著中表

1 张园：《论〈明史·列女传〉中母亲形象的弱化》，南京师范大学硕士学位论文，2015 年，第 49 页。

2 [明] 徐渭撰，周中明校注：《四声猿》，上海：上海古籍出版社，1984 年，第 45 页。

达过类似见解。[1]但是这种所谓“男女平等”的思想不过是一种矫饰，掩盖的是封建社会对女性提出的更为苛刻的要求。

首先，在《雌木兰》中，作者插入了两个先前木兰文本中不曾有过的细节，即“放脚”和“守贞”，鲜明地体现出木兰形象所蕴含的封建道德伦理观。先说“放脚”。明朝以“三寸金莲”为美，但木兰必须放掉一双小脚才能从军打仗。比起替父从军时的果敢，在放脚问题上木兰却犹豫不决：“回来俺还要嫁人，却怎生？”[2]面对这样的矛盾，徐渭设计了一个情节，虚构了一剂“漱金莲方子”，“只用一味硝，煮汤一洗，比偌咱还小些哩”。[3]没了后顾之忧，木兰才安心放脚。保持“三寸金莲”不止是为迎合当时的社会审美，更重要的是这是妇德的一部分，恪守妇德才能嫁人。归根结底，木兰遵循的是当时社会为女性立下的伦理道德规范。再说“守贞”，这是木兰自始至终坚定不移遵守的准则。从军前，母亲贾氏不担心木兰行军安全，反而更担心的是：“你又是个女孩儿，千乡万里，同行搭伴，朝食暮宿，你又保得不露出那话儿么？这成什么勾当？”[4]木兰立刻向母亲保证：“娘，你尽放心，还你一个闺女儿回来。”[5]等到木兰回乡，母女相见，先不交流这十二年从军所遇的艰难险阻以及多年未见的思念之情，而是围绕“守贞”展开对话。木兰向母亲表白：“奶奶，我紧牢拴，几年夜

1 施海淑：《〈雌木兰替父从军〉再认识》，《学术探索》，2012 年第 12 期。
2 [明] 徐渭撰，周中明校注：《四声猿》，上海：上海古籍出版社，1984 年，第 45 页。
3 [明] 徐渭撰，周中明校注：《四声猿》，上海：上海古籍出版社，1984 年，第 45 页。
4 [明] 徐渭撰，周中明校注：《四声猿》，上海：上海古籍出版社，1984 年，第 47 页。
5 [明] 徐渭撰，周中明校注：《四声猿》，上海：上海古籍出版社，1984 年，第 47 页。

雨梨花馆，交还你依旧春风豆蔻函。怎肯辱爷娘面？”[1]可见“贞节”在她们心中的分量，也可见这种“妇女守贞”的封建道德伦理观在作者心中的分量。

而后，从木兰嫁人的结局看，徐渭安排了一个貌似圆满的大结局，让木兰嫁给“王郎”。毕竟在封建礼教森严的古代，从军十二年后还能嫁人生子，在作者眼里这应该算是一个最为完美的归宿了。王郎与木兰的结合也很值得一提，文中写到王郎娶木兰是因为“木兰替爷行孝，定要定下他为妻”[2]，即因木兰“孝顺父亲”而娶她。木兰嫁王郎是因为“中上贤良、文学那两等科名，如今见以校书郎”[3]，因为王郎“颇有功名”，即因他“忠于朝廷”而嫁他。而二人结合最重要的前提是木兰能“收脚”、守“贞节”，即木兰始终恪守“妇德”。可以说，王郎是“忠”的代表，木兰是“贞”的代表，两人的结合意味着“忠贞”的结合，这样理学家所倡导的“忠贞一体”就随着二人的结合而形成了。

作为一部叙述相当完整的杂剧，《雌木兰》不可避免地要写到木兰行军打仗的情节，这也是前代木兰文本尽量避免提及的部分。若提及战斗，那必然要展现木兰的勇武和才智，而这正是封建文人们试图从木兰身上剥离的东西。徐渭在展现木兰的才能时，基本继承了唐代韦元甫创立的传统，即肯定木兰的能力，但避谈或否定木兰的权利。徐渭赞扬木兰的忠孝、战功、守贞，并不是对女性能力的肯定，反而是对女性提出更苛刻的

1 [明]徐渭撰，周中明校注：《四声猿》，上海：上海古籍出版社，1984年，第55页。
2 [明]徐渭撰，周中明校注：《四声猿》，上海：上海古籍出版社，1984年，第55页。
3 [明]徐渭撰，周中明校注：《四声猿》，上海：上海古籍出版社，1984年，第55页。

要求。即女性并不是同男性一样天生就是被肯定的，她们必须在封建礼教允许的范围内证明自己的价值，证明自己对家庭、国家、社会有贡献，才能够获得承认。侯有造在《孝烈将军祠像辨正记》中也指出了这一点："历代女子，凡立名节于天地间，名不死者，无此间世超异之才，必无此出类拔萃之操烈，无此出类拔萃操烈，必不能建不世出战敌之功，而享庙食无穷者也。"[1]徐渭在肯定木兰才能的同时，又强调了女性之才能的适用范围——"相夫教子"、为更好地满足男性的生活和精神需要服务，女性自身的价值和存在意义并没有受到真正的关注和肯定。[2]

虽然有人用"时运不济，命途多舛""一生凄苦，风雨飘摇"来形容徐渭的一生，其杂剧集《四声猿》之名更是取"盖猿丧子，啼四声而断肠，文长有感而发焉，皆不得意于时之所为也"[3]之意，以此寄托哀痛的"自悼""自吊"之情。但是，在以父权为道德伦理核心的中国古代封建社会，男性身份仍然让他天然处于优势地位，秀才身份又让他正式跨入"士大夫"阶级，拥有一定特权，成为统治阶级的一员。而木兰属于哪个社会阶层？这从《雌木兰》的开篇唱词中便可看出：虽然花父曾为千夫长，但他也没有任何特权去逃避朝廷的征兵令，反而不得不拖着年迈的身躯去参军，这也就成为木兰"替父从军"的导火索。由此可知，花家始终处于社会底层，是统治阶级驱

1 马俊华、苏丽湘编著：《木兰文献大观》，郑州：河南人民出版社，1993 年，第 10 页。
2 陈洪、乔以钢：《中国古代文学与文化的性别审视》，天津：南开大学出版社，2009 年，第 161 页。
3 周中明：《前言》，载 [明] 徐渭撰，周中明校注：《四声猿》，上海：上海古籍出版社，1984 年，第 1 页。

使和奴役的对象，面对统治阶级的压迫，他们毫无抵抗之力。木兰又是这社会底层家庭中的一位女性成员，可以说她处于社会底层的底层。与此相对，拥有男性与封建文人双重身份的徐渭则自始至终处于“精英阶层”，作为特权阶级的一员，他与以花木兰为代表的社会最底层女性相割离。因此徐渭笔下的木兰形象注定不可能是“男女平等”思想的代言人，他始终是站在“精英阶级”的立场上塑造木兰形象的，发出的是属于“精英阶级”的声音。

美籍印裔学者斯皮瓦克认为，精英阶级在代替底层人说话的同时又让他们沉默下来。作为审美肖像的再现和作为政治代理的再现被“合并”起来了，审美再现被从属于政治再现；作为政治主体的被剥夺权利者（属下阶层）被从属于（据说是）为他们说话的政治代理者，于是，审美的肖像（虚构）便被当作他们的政治欲望和利益的表达。[1]被剥夺权利者充当了作者表达自身欲望的替身，他们的修辞行为可能对被压迫者造成危害：底层人的反抗会因此被主导的政治再现过滤掉。木兰是徐渭塑造出的“忠孝两全”“能力出众”“恪守贞操”的古代封建社会完美女性形象，作为一个审美肖像，木兰被徐渭当作了“精英阶级”的政治欲望和利益表达，她既无法展现真正的男女平等思想，也不可能发出属于广大底层女性的声音。相反，在封建社会，底层女性的发声权利几乎处于被剥夺的状态，男性文人始终处于话语权力中心，于是很难在文献中找到“真实的底层女性”形象，那么徐渭站在精英角度塑造的木兰形象，自然

1　陈永国：《从解构到翻译：斯皮瓦克的属下研究》，《外国文学》，2005 年第 5 期。

被广泛认为是“真实的”底层女性形象，木兰的发声也就被认为是底层女性的“真实声音”。实际上这正是对处于被压迫地位的底层女性的损害，她们的真实境况与真正声音被永久掩盖了，再没有人关心她们的真实想法，在精英阶级主导的政治再现系统中，以木兰为代表的底层女性的声音就这样消失了。

综上而言，《雌木兰》可以说是通过木兰故事展现封建忠贞观的典范，此后出现的木兰戏也大体秉承这一套路。清爱新觉罗·永恩的《双兔记》，在《雌木兰》的基础上进行扩写，细节更为翔实，但作品主题和人物形象与《雌木兰》实属一脉相承。现今保存比较完整的清代木兰衍生文本是张绍贤所撰的小说《北魏奇史闺孝烈传》，全书共十二卷，四十六回。小说基本延续了徐渭在《雌木兰》中设置的故事线索，并在此基础上进行扩充改编。在小说中，木兰第一次登场时，作者这样描述：“唯有这花木兰小姐生得十分美貌，而且天性聪明，女工针黹，无一不精，又好读书识字，凡花老爷架上诗赋以及天文地理、兵书战策、阵图出军、下营埋伏、奇兵之法、三韬六艺之书，一尽取来观看。内中如有不合者，反加添注改字，所有过目如同熟读过一样。更有一种奇处，这一个如花似玉的女子，两膀偏有无穷的臂力，看见花老爷耍刀，她也就耍刀；看见花老爷舞枪，她也来舞枪。只从她眼中看过的架势招数，再也不能忘记。”[1]“所有过目如同熟读过一样”“只从她眼中看过的架势招数，再也不能忘记”，这明显不是寻常人所具有的能力。作者在写到木兰决心替父从军时，又用了这样一首诗来描

1 [清]张绍贤撰，白金群标点：《北魏奇史闺孝烈传》，合肥：黄山书社，1991年，第4页。

述："木兰腹内有深机，独坐闺中静夜思。不但全忠与全孝，保完贞洁是峨眉。"[1]可见作者对木兰的定位是全忠全孝、保完贞洁之人。张绍贤除了延续了男性文人投注在木兰身上的情色想象外，更渐渐将其塑造成全能女性、完美女性形象，几乎神化了木兰。但是，作者另一方面又极力强调木兰的女性化特质，比如花木兰在听闻不能找人代替父亲从军时，是"心慌无主、啼哭不休"[2]；在想要替父从军，却又不知如何去寻找坐骑与鞍鞯时，便"暗自饮泣耳"[3]。到了军中，木兰的女性特质非但没有被掩盖，反而被无限放大。当"玩月思亲"时，她"由不得偷弹了几滴眼泪，几几乎哭将起来"。[4]在战斗时，木兰智擒敌将，但其功劳却被长官牛先锋冒领。对此，底下的将士非常不服气，欲与牛先锋据理力争。木兰却呵斥了手下，极力维护牛先锋的权威。某种意义上，这代表了一种女性对男性、下级对上级的服从，完全符合封建王朝等级森严的阶级秩序。

《北魏奇史闺孝烈传》中，作者也为木兰安排了一位夫婿——王青云，与徐渭在《雌木兰》中寥寥几笔带过，仅仅是为展现"忠孝"主题而塑造的王郎不同，张绍贤笔下的王青云有才有貌、平匪有功，并借此赢得了功名爵位。木兰对这位夫君也是十分倾慕，在军中与夫君相遇时是"心中暗暗欢喜""躬身履背，满脸通红，不敢仰面"。[5]后来，木兰被迫与敌军女将卢玩花成亲，无奈之时，她只得道出自己的真实身份，卢玩

1 [清]张绍贤撰，白金群标点：《北魏奇史闺孝烈传》，合肥：黄山书社，1991年，第6页。
2 [清]张绍贤撰，白金群标点：《北魏奇史闺孝烈传》，合肥：黄山书社，1991年，第6页。
3 [清]张绍贤撰，白金群标点：《北魏奇史闺孝烈传》，合肥：黄山书社，1991年，第7页。
4 [清]张绍贤撰，白金群标点：《北魏奇史闺孝烈传》，合肥：黄山书社，1991年，第21页。
5 [清]张绍贤撰，白金群标点：《北魏奇史闺孝烈传》，合肥：黄山书社，1991年，第231页。

花听后十分佩服，两人化敌为友、结拜为姐妹，最后更是一同嫁给王青云。当木兰女性身份暴露，魏主知晓其功绩后，龙心大悦："不但全忠，而且全孝，又兼善能保全一身贞节而回……成为女中第一豪杰……"同时还说道："朕理应晋封你为孝义侯，以表汝之功绩。但是自古妇人并无封侯之典。"[1]本应将爵位移封给木兰的丈夫王青云，但因王青云在外监军，却并未报明木兰的女性身份，有欺君之嫌，所以将爵位移封给了木兰的兄弟。对于这个结果，木兰也欣然接受。可见，在这部作品中，木兰是维护封建妇德的典范，作者用无数笔墨着重刻画木兰能力的同时，又将其能力的适用范围限制在为男性服务方面。

《北魏奇史闺孝烈传》之后的《忠孝勇烈奇女传》[2]将木兰形象进一步神化，几乎包含了世间所有美好的品质，不仅"忠""孝"，更是"勇""烈"。该书在流传过程中被不同撰者整理重刊，清光绪二十一年刊本的序言中这样评价木兰："尝思人道之大，莫大于伦常；学问之精，莫精于性命。自有书籍以来，所载传人不少，求其交尽乎伦常者鲜矣，求其交尽乎性命者亦鲜矣。盖伦常之地，或尽孝而不必兼忠，或尽忠而不必兼孝，或尽忠孝而安常处顺不必兼勇烈，遭际未极其变，即伦常未尽其难也！性命之理，有不悟性根者；有不知命蒂者；有修性命而旁歧杂出者；有修性命而后先倒置者。涵养未得其中，即性命未尽其奥也。木兰乃一女耳，担荷伦常，研求性命

1 [清]张绍贤撰，白金群标点：《北魏奇史闺孝烈传》，合肥：黄山书社，1991年，第267页。

2 又名《忠孝勇烈木兰传》《木兰奇女全传》《木兰奇传》《女子英雄传》，四卷三十二回，不提撰人，成书于清道光七年。（参见张兵主编：《500种明清小说博览》下，上海：上海辞书出版社，2005年，第1316页。）本书选用的版本为瀛园旧主著，阿毅校点，山东文艺出版社1987年出版的《木兰奇女传》。

而独无所不尽也哉！”[1]

古代木兰形象的演进过程是一个“从人到神”的过程，这从民间、地方不断修建木兰庙、木兰祠，并为其刻碑立传便可窥一二。根据史料所载，至少从唐代起就有了修建木兰庙的记录。《太平寰宇记》在记述“光山县”（今为河南省信阳市下辖县）的情况时说：“木兰女庙，在县南二里。唐武德六年，州人卢祖尚任弋阳太守，从黄州移于此。”[2]又在记述“黄冈县”（在唐代时属于黄州治所，今为湖北省黄冈市）情况时说：“木兰山，在县西一百二十里。旧废县，取此山为名。今有庙，在木兰乡。”[3]现存的木兰祠古迹位于河南虞城县营郭镇，始建时期可以追溯到唐代，此后历朝历代都进行过重修和扩建，元代的《孝烈将军祠像辨正记》和清代的《孝烈将军祠辨误正名记》便是立于此庙前。从民间为木兰修祠建庙的情况，足见木兰故事深入人心的程度，也反映了木兰逐渐成为封建王朝中集忠、孝、义、勇、贞、烈于一身的女性典范。当木兰脱离人的范围，被“神化”之后，其女性身份便不再是封建文人肯定、赞美、崇拜她的阻碍了。

1 [清] 瀛园旧主著，阿毅校点：《木兰奇女传》，济南：山东文艺出版社，1987 年，第 1 页。
2 [宋] 乐史撰：《太平寰宇记》卷一二七，北京：中华书局，2007 年，第 2513 页。
3 [宋] 乐史撰：《太平寰宇记》卷一三一，北京：中华书局，2007 年，第 2582 页。

第二章

由“神”到“人”

——现代木兰叙事

在古代中国，木兰经历了由“人”到“神”的演变历程。随着封建王权的进一步强化，封建道德伦理对女性提出了愈加苛刻的要求，封建文人们在重述木兰故事时，有意无意地将这些要求投射到木兰身上，赋予其超乎人性的神性，以至木兰成为一个典型的道德符号。到了现代中国，存在了2000多年的封建王朝土崩瓦解，人们的思想发生天翻地覆的变化。从清代末期的戊戌变法开始，维新改良思潮首先影响着知识分子的价值观，封建伦理道德开始动摇，普通民众的思维方式也逐渐发生转变。辛亥革命推翻了封建帝制，建立了民主共和国，促进了民族意识的大觉醒。这场革命推动人民从过去盲目忠君爱国的藩篱中挣脱出来，颠覆了君主在人们心中的至圣地位。新文化运动进一步促进以理性、自由、平等为核心的现代性启蒙思潮在中国的传播，国民通过多种方式表达爱国主义思想。随后的五四运动则以青年学生为主力军，并且联合广大工人群体，无产阶级第一次登上历史舞台。这场运动更加注重发动群众，重视人民群众的作用，开始关注“人”。在这一过程中，中国启蒙思潮内部发生分裂，马克思主义的阶级斗争与社会主义革命思想话语体系的科学性日益彰显，影响力也逐步扩大，五四运动很快转变为马克思主义文化新启蒙运动，直至新中国成立。[1]新中国成立后，真正实现了人民当家作主，中国共产党以全心全意为人民服务为宗旨，人民的主体地位得到全面深化。文学是意识形态的表现和社会现实的反映，社会主导思想的变化也影响着文学创作。因此，在现代社会，木兰又经历了由“神”

1 李福岩：《启蒙思潮与中国现代化发展话语体系之演进》，《理论导刊》，2017年第5期。

向“人”的回归。战时文本中的木兰主动从军，渴望救万民于水火之中，是“保家卫国、抵御外侮”的巾帼英雄典型；新时期文本中的木兰生活在和平年代，其成长经历、个人情感、内心世界和日常生活被深度挖掘；新世纪儿童绘本中，木兰作为家喻户晓且备受喜爱的中国传统文化的形象代表，承担起引导儿童树立正确价值观的责任。

第一节　家国至上——战时木兰文本

随着1840年第一次鸦片战争的炮火，清政府被迫打开封闭已久的国门，并在之后的战争中一次次签订丧权辱国的条约。这刺激了一批又一批有志之士为了维护中国领土完整和主权独立而掀起反帝反封建运动，最终结束了封建王朝统治，并在中国共产党的带领下建立了新中国。在实现政治解放的过程中，社会主导思想和民众思维方式也跟随时代局势的变化不断发生转变。从清代末期到五四运动期间，中国逐渐经历了一个“西学东渐”的过程，从学习西方的制度到学习西方的思想。西方哲学家在总结和回应现代历史发展的基础上，创立了现代性启蒙话语体系。欧洲各国通过资产阶级革命相继建立起资本主义国家，并确立了与之相适应的政治制度、经济策略与文化观念，标志着西方现代性启蒙思潮迎来了历史性的胜利。在这之后，倡导理性、自由、民主、平等的现代性话语体系成为西方政治观念与意识形态的理论基础，并伴随着西方国家的殖民侵略逐步传播开来。这一思想和价值观在19世纪末期到20世纪初传入中国，成为当时中国的精英阶层和知识分子反对封建帝制、启发民智的重要思想武器。新文化运动作为现代性启蒙思想传播的高潮，确立了个体本位的精神原则，使“人的解放”观念深入民心。

诚然，现代性启蒙思想将人们从封建蒙昧的状态中解救出来，但是纵观全球历史的发展，可以看出这些理论话语是与资本主义社会的政治、经济扩张与军事霸权互为支撑的，本质上是为了满足资本的极恶私欲服务的。马克思和恩格斯在研究现代性启蒙思想的观点、立场、方法和实践结果的基础上，敏锐且富有远见卓识地洞见其中的问题：现代性启蒙运动并没有兑现承诺，没有让全人类实现真正的自由，只是完成了少数资产阶级的政治解放而已。他们彻底揭露并批判了资本主义社会发展的内在矛盾，指出了现代性启蒙话语无法自洽的逻辑缺陷，并且创造性地构想了共产主义与人类解放的科学世界观与方法论，超越了现代性西方启蒙思想价值体系。随着五四运动的深入发展，“马克思恩格斯的社会主义学说开始迅速成为新思潮的主流，使中国人民的思想解放得到一次大飞跃”[1]。相较于此前将引进西方现代性启蒙思想、模仿西方资本主义模式作为中国现代化发展的答案，无产阶级以马克思主义为纲领，真正找到了中国的未来。

从五四运动开始，中国从反封建的旧民主主义革命走向反帝反封建的新民主主义革命。瞿秋白说：“中国民族几十年受

1 李福岩：《启蒙思潮与中国现代化发展话语体系之演进》，《理论导刊》，2017年第5期。

剥削，到今日才感受殖民地化的况味。帝国主义压迫的彻骨的痛苦，触醒了空泛的民主主义的噩梦。……工业先进国的现代化问题是资本主义，在殖民地上就是帝国主义，所以学生运动倏然一变，而倾向于社会主义。”[1]换言之，反封建只是一个阶段性的历史任务，真正要推翻的是压在中国人头上的帝国主义、封建主义、官僚资本主义三座大山。面对日本帝国主义的侵略，1935 年 8 月 1 日，中国共产党发表《为抗日救国告全体同胞书》，呼吁国内各党各派摒弃前嫌，停止内战，一致抗日，并倡导建立广泛的“抗日民族统一战线”。1936 年 9 月，陈伯达、艾思奇、张申府、何干之等中共理论家在思想文化界掀起了一场“新启蒙运动”，建议继承和弘扬“五四”的革命传统精神，反礼教反独断反迷信，号召一切爱国分子反对异族奴役。由此，政治和文化的联系愈加紧密。这场思想文化运动的目的是让文学艺术更好地为现实政治服务，也就是唤起广大人民的民主觉醒和抗战意识，号召全体国民加入“抗日民族统一战线”，为推翻三座大山而斗争。

从新文化运动到新中国成立的几十年间，现代性启蒙思潮对“理性”与“人”的强调，马克思主义的传播以及新启蒙运动的发展对当时的文学艺术创作产生了极大影响。“救亡图存”和“民族本位”成为一个时代的主题，面对帝国主义的侵略，知识分子们觉醒了民族意识，反思了现代性启蒙话语的局限性，“在炮火纷飞、无家可归的流亡生涯中深刻地理解了‘个人’与‘民族’、‘小家’与‘国家’之间的辩证关系，强化了对

1 李红岩、龚云，宋启发著：《中国道路》，合肥：黄山书社，2014 年，第 32 页。

中国传统文化的自觉认同。”[1]因此，在这个中华民族渴望摆脱战争、实现民族解放的年代里，“一切为了战争”成为当时的主流文艺观。“为了救国，应该利用一切可能的手段，文艺是许多手段中的一种，文艺家应该首先使用自己最长于使用的工具……先是国民然后才是文艺家。”[2]文艺服从于战争，在那个时代不容置疑。[3]在如此时代语境下，木兰形象的塑造自然彰显出保家卫国的时代精神与抗日救亡的国家话语，凝聚着整个民族“自我”疗救与抗争的历史想象。[4]

1917年，齐如山改编、梅兰芳编演了京剧《木兰从军》。此剧以民间流传的木兰故事为依托，增添了许多时代气息。由于年代久远以及技术限制，如今我们很难重觅梅兰芳出演《木兰从军》时的风采，现今流传的《木兰从军》剧本是梅兰芳的徒弟、京剧名家言慧珠女士在梅版《木兰从军》的基础上重新整理改编过的版本。虽然梅版《木兰从军》的完整剧本现已不存，但1920年百代公司唱片中收录了“俺自从到边关家乡信杳”[5]这一唱段。根据其中“替老亲才把那家乡撇掉，为国家顾不得夙夜辛劳”[6]，可知木兰易装从军的目的除了为父尽孝外，还为了实现一腔报国热情。古代木兰文本虽然赞颂木兰对国家的

1 宋剑华、杨斯月：《“民族本位”与抗战文学的文化构想》，《福建论坛》（人文社会科学版），2021年第5期。

2 周杨：《周杨文集》卷一，北京：人民文学出版社，1984年，第234页。

3 夏文先：《四十年代文学争论与当代文学规范建构》，合肥：安徽大学出版社，2015年，第53页。

4 裴亮：《巾帼英雄的“还魂”与“重构”——抗战时期“木兰从军”新编历史剧创作论》，《戏剧》，2016年第3期。

5 肖迪、封杰编：《梅兰芳纪念集壹编》，北京：商务印书馆，2013年，第237页。

6 肖迪、封杰编：《梅兰芳纪念集壹编》，北京：商务印书馆，2013年，第237页。

贡献，但是往往将其行为定义为“忠君”，指的是服从和服务于封建王朝统治者。而梅版《木兰从军》将“忠君”置换为“爱国”，该剧上演之时，虽然清政府被推翻，以孙中山为代表的革命党人建立了民主共和制的中华民国，但此时整个国家仍处于内外交困之中，以袁世凯为首的北洋势力窃取辛亥革命的胜利果实，整个社会动荡不安。梅兰芳是一位极有气节、心怀家国的戏曲大师，在《木兰从军》中设计木兰为国家不顾辛劳这一情节，显然带有呼吁有识之士为家国民族做贡献的意味。

在抗战前的左翼运动时期，鲁迅、郑振铎、张庚都批评甚至要打倒梅兰芳，他们并非与梅兰芳本人有任何恩怨，只是将梅兰芳视作戏曲界的代表，通过抨击他来批判京剧，认为这是生长于封建王朝、供士大夫阶层享乐的旧文艺。但是，通过齐如山与梅兰芳改编的《木兰从军》看，这些左翼批评家们对京剧的了解太过片面，旧瓶也能够装新酒，京剧在当时是极为受欢迎的艺术形式，以其为载体装盛“保家卫国”“救亡图存”的新思想，可以对普通民众起到教化作用。抗日战争时期，梅兰芳也以自己的实际行动表明爱国情怀。他蓄须明志，宁肯退出舞台，也不愿为日军演出，甚至因为此举将自己置于险境当中。梅兰芳的民族气节赢得国人普遍的敬意，众人遂不再以旧时的眼光看待他。新中国成立后，郑振铎对戏曲古籍的保存及研究倾注大量心血，张庚更是以戏曲作为自己后半生的专门事业，还担任了梅兰芳加入中国共产党的介绍人。[1]

梅版《木兰从军》中木兰表现出的爱国情怀，实际上是在

1 孙玫：《论说抗战前左翼文坛对梅兰芳的评价》，《艺术百家》，2015 年第 1 期。

20世纪初民间木兰形象的基础上生成的。早在该剧上演之前，木兰便以爱国战士形象出现于报章杂志中，甚至以同样的形象出现在国民基础教育中。1913年《神州女报》登载的《杂诗：题木兰从军图》认为木兰从军是为“救国身”。[1]1916年《中华妇女界》刊登了一篇奉天凤城县女子师范学校学生所写的《木兰从军论》，文中言明木兰为“忠孝两全者”，木兰毅然从军而“不惮其劳”，大概是因为“其爱国之热心，孝亲之苦衷”，并愿“孝亲爱国长存”。[2]1917年发表于《妇女时报》上的一篇《感木兰从军》，“木兰有鉴于此不惜置身于金戈铁马间，振醒聋聩以激有血性之男儿，并以激励国内之疲癃，亦起烟尘满地，膏肓之良乐也，嗟嗟烟尘满地烽火，频惊国势颠危胡儿跋扈，安得吾同胞读木兰一辞而奋然兴起也”[3]，更是将木兰故事与时政局势紧密联系在一起，发表了慷慨激昂的“救国”理想。在这样的背景下，梅兰芳在创作《木兰从军》时，除了提倡孝道，更提倡武道，并结合时代要求，为其注入爱国精神。[4]梅版《木兰从军》一经上演，便大受欢迎，木兰的“爱国者”形象也更加深入人心。

香港电影之父、华语电影改革先锋黎民伟联合导演侯曜在1928年出品了电影《木兰从军》，该片同样以木兰形象表达爱国情感。黎民伟是一位革命志士，他曾经提出过电影救国的主张，早年拍摄了大量关于孙中山革命活动和北伐的纪录片。

1 张平权：《杂诗：题木兰从军图》，《神州女报》，1913年第4期。
2 马金汉：《木兰从军论》，《中华妇女界》，1916年第2期。
3 周勤：《感木兰从军》，《妇女时报》，1917年第21期。
4 梅葆玥、林映霞：《梅兰芳演出曲谱集》卷一，北京：文化艺术出版社，2015年，第431页。

他于1923年成立香港民新影片公司，后来又创办上海民新影业公司，后并入联华影业公司，出品了左翼影片《大路》《神女》，还培养了一大批优秀的电影人才，如卜万苍、聂耳等。全民族抗战开始后，他冒死拍摄纪录片《淞沪抗战纪实》，为后来的抗战历史研究留下了宝贵资料。黎民伟一生都在践行自己的主张，以电影为媒介，宣传抗日，开展救亡活动。侯曜也是一位有着崇高理想的导演，甚至因为拍摄爱国电影在新加坡被日军残忍杀害。《木兰从军》拍摄时，剧组辗转全国各地取景，影片制作精良，立意高远，发挥了电影“寓教于乐”的作用，通过木兰这一家喻户晓的人物形象宣扬了为国为民的奉献精神。

继民新影业公司出品的《木兰从军》后，由欧阳予倩编剧、卜万苍导演、陈云裳主演，于1939年在上海上映的电影《木兰从军》进一步强化了木兰的“爱国者”形象。这一版《木兰从军》诞生之时，上海正处于“孤岛”时期。1937年8月，淞沪抗战开始前，上海公共租界和法租界宣布中立。11月，中国军队撤退后，大部分华界地区以及部分租界区落入日军之手。公共租界和法租界因为日本尚未准备好与欧美各国开战而不在日军的占领范围内，为了阻止来自周边地区战争难民的涌入，这些租界周围开始设置铁丝网和沙袋，并有专人看守。由此，被日占沦陷区和围栏壕沟包围的公共租界及法租界区宛若一座“孤岛”，这种局面一直持续到1941年12月太平洋战争爆发，以两租界沦于日本侵略军之手而终结。在“孤岛”时期，日本侵略者为了强化对上海沦陷区的统治，“在思想文化方面，大力控制新闻机构，强制推行‘奴化’教育”[1]。面对日本侵略者施行的白色恐怖统治，文艺界人士只能用一些委婉的方式号召人民抗战。在敌人处心积虑向中国电影进攻的形势之下，在客观环境如此严酷的“孤岛”时期，如何从艰难困苦的压迫中打开一条血路，是摆在中国电影人面前的一个迫切问题。借古讽今的历史影片便成为很好的突破口，《木兰从军》就是在这样的背景下创作完成的。

1938 年，新华影业公司老板张善琨亲赴香港请欧阳予倩编写《木兰从军》剧本，“欧阳予倩提出，当时上海沦为‘孤岛’，不宜拍摄明显地宣传抗日的片子，应该采取借古喻今的手法，含蓄地表现花木兰智勇双全、杀敌卫国的故事”[2]。在拍摄过程中，卜万苍这样要求陈云裳：“不仅要表现体谅阿爷无儿，代父从军的心态，更要着重体现报效国家、敌忾同仇的精神气质。”[3]影片开头，木兰骑马打猎归来，村里的孩童围着她唱起歌谣：“青天白日满天下，快把功夫练好它，强盗贼来都不怕，一齐送他们回老家。”1925 年起，国民政府便将青天白日旗作为中华民国国旗，童谣的隐喻意义显而易见，“青天白日”暗指中国政府，“强盗贼”则指日本侵略者，“一齐送他们回老家”表明了中国人民终将赶走侵略者的决心与勇气。

电影《木兰从军》立足于中华民族救亡图存的时代洪流，凸显并强化了从军的意义。在之前大多数木兰文本中，花父的

1 张铨、庄志龄等:《上海抗日战争史丛书·日军在上海的罪行与统治》, 上海: 上海人民出版社, 2015 年, 第 117 页。

2 顾也鲁:《影坛艺友悲欢录》, 北京: 中国电影出版社, 1996 年, 第 18 页。

3 顾也鲁:《影坛艺友悲欢录》, 北京: 中国电影出版社, 1996 年, 第 18 页。

形象是模糊不清的，他存在的主要目的是为木兰提供一个从军契机，毕竟父亲老迈是木兰代父从军的最大前提。但在《木兰从军》中，花父第一次以清晰立体的形象出现，创作者将花父设计成了一名爱国者。得知征兵消息后，花父忧虑“这一次去从军，能不能活命回来，是不晓得”，但在花母说“你年纪大了，病还没有完全的复原，怎么能受得起战场上的辛苦，叫我怎么能放心”时，他又毅然决然道：“国家养兵千日，用兵一时，如今国家有事，每一个老百姓都应当去打仗。”至此，花父第一次以一个爱国者形象出现在木兰文本中。古代木兰文本中，花父从军皆是不得已而为之，他是徭役摊派的受害者。几乎历朝历代都有徭役制度，官方可以无偿征调平民从事劳动，包括力役、杂役、军役等等，实际体现了封建统治者对底层人民的剥削。徭役之苦，几乎九死一生，从杜甫的《石壕吏》中便可见封建徭役制度导致的哀鸿遍野、民不聊生现象。因此，先前的木兰文本多着重表现花父被征召入伍时的愁苦，而《木兰从军》中，花父在担忧家里没有人照应的同时，明确表示“死在战场上是要比死在家里光荣得多呢”，反映了个人民族意识的觉醒，参军不再是一种盲目被迫的行为，而是主动自觉为民族国家做贡献。影片借花父之口抒发爱国情怀，在此基础上，木兰代父从军的意义不仅在于表现了“孝道”，更在于成全了“爱国”。临行前，花父对木兰说：“祝你一路顺风，早灭狼烟得胜回朝。”木兰端着酒杯向父亲道谢：“多谢爸爸教得女儿一身武艺，使得女儿能够尽忠报国，又成全了女儿的孝道，真是两全其美。”又对花母说：“妈成全女儿的志向，使女儿能够做一个对国家有用的人，将来得胜回来，一家团聚，那才安稳”，最后对弟弟说：“发奋勤学，将来好为国家出力”。木兰句句不离“国”，由此“国”便立在了“家”之前，“有国才有家”的时代主题清晰地显现出来。

同时，影片还将木兰塑造成一个崭新的现代女性形象。在木兰出场之时，《木兰从军》就通过视听语言改写了传统的木兰故事。《木兰诗》在封建社会经历了多重演变，不变的是这些古代文本总以“木兰当户织”这一情节作为开端。这主要是为了凸显木兰的女性特质，在以父权制为基础的封建王朝，土地所有权归男性所有，而纺织生产则分配给女性。实际上反映了男性控制外部空间，女性管理内部空间的性别规范。到了20世纪初期，封建社会秩序崩溃，许多知识分子将这种性别规范视为对女性的压迫，认为女性应当走出家庭，通过“解放女性”来抨击“旧道德”，试图彻底清除封建政治、伦理的残余。作为中国现代戏剧的先驱和五四精神的倡导者，欧阳予倩笔下的女性形象总是表现出鲜明的妇女解放和自由精神。他虽然是男性剧作家，但他“所写的戏全部都贯穿着反封建的民主思想，尤其是对于备受封建压迫的中国妇女，赋予极大的同情”[1]。因此，《木兰从军》开场戏以远景长镜头展现木兰户外打猎的场面，用开阔的外部空间取代了狭小的家庭内景，展现了木兰在织布之外的能力。在她狩猎成功回家后，木兰的父母作为被封建道德固化的一代，谴责了她的行为，罚她在家中织布。木兰却并不畏惧这一惩罚，也未曾流露出违逆父母的内疚之情，

1 欧阳山尊：《论欧阳予倩的文艺思想与实践》，《光明日报》1989年6月13日。

从中体现了她对父权的反叛态度。征兵的信使到来后，木兰恶作剧般地射掉了他的帽子，又表达出她不畏权威的平等意识。如此一来，木兰不仅是“女儿”更是“国民”，不仅展现了“抗日救国”的主动性与自觉性，还具有颠覆封建礼教的现代魅力。

木兰的“爱国战士”形象贯穿整个抗日战争和解放战争时期，并一直延续到抗美援朝时期。这一时期，最广为人知的两个木兰衍生文本是常香玉演唱的豫剧《花木兰》以及言慧珠在梅版《木兰从军》基础上整理改编而来的京剧《木兰从军》。两位戏曲大师都曾先后奔赴朝鲜慰问中国人民志愿军，并分别上演了木兰戏。因此，两部作品都坚持文艺创作与军人精神需求相结合的原则，剧中的木兰形象肩负着抒发爱国情怀、激励前线战士的重任。其创作理念也是对20世纪40年代在延安确立的文学艺术家要走“与工农兵结合”的道路这一文艺政策的继承和发展。毛泽东在延安文艺座谈会上说：“我们的文学艺术都是为人民大众的，首先是为工农兵的，为工农兵而创作，为工农兵所利用的。”[1]这一政策的最初实践，就是延安时期文艺工作者下乡、进厂、入伍。当时的戏曲界人士也纷纷走到群众当中，向群众学习，反映群众的真实生活，创作群众喜闻乐见的作品。他们坚持“面向士兵，到部队去！”创作通俗易懂便于战士理解的戏曲作品，适应战时部队的需要。[2]抗美援朝时期，中国人民赴朝慰问团的成立是文艺面向“工农兵”政策的又一次实践，常香玉和言慧珠作为戏曲界代表分别参加了

1 毛泽东:《在延安文艺座谈会上的讲话》,《毛泽东选集》第三卷，北京：人民出版社，1991年，第863页。

2 张柠：《五六十年代作家“下乡”考》，《东吴学术》，2018年第5期。

第二届和第三届慰问团。

言慧珠的《木兰从军》是以梅兰芳演出本为基础，又参照豫剧《花木兰》的艺术特色，构成的一部全新剧目。[1]创作者营造出了全民抗战的氛围，木兰的从军动机皆被设置成既为“家”又为“国”。剧中，花父和花母形成鲜明对照，花母担心花父的身体“想你年已衰迈，又是大病初愈，怎能出关打仗。你呀，去不得！”但花父却认为“啊呀妈妈，想那番兵凶狠，残害百姓，我们这当兵之人，岂有袖手旁观之理。不必拦阻，快将我的盔甲取了出来。”而后两人便起了一番争执，花母：“我不能让你前去，我看哪个敢去！”“有我三寸气在，哪一个敢去！”花父：“我偏偏要去，我看哪个敢拦！”“我定要前去。哪一个敢拦！”花母显然是当时普通民众的代表，从军打仗是关乎性命的事情，对此有所担忧和疑虑是人之常情。花父则与花母相反，剧目通过其坚持应征的行为说明覆巢之下安有完卵的道理。这一矛盾既为全剧增添了戏剧性与趣味性，又起到了教育民众的作用。随后木兰登场，劝解正在怄气的二老，并提出两全之策，表明自己愿替父征战的决心：“爹壮年战番兵威风凛凛，如今皓首病缠身。羽书频驰军情紧，愿替老父去从军。”“孝”仍然是木兰代父征的最主要原因，而在“孝”之余，“国”又是促使木兰从军的另一重要因素。剧中亦有许多表明木兰渴望精忠报国的台词：“孩儿自幼承父训，忠勇报国记在心。”“恨只恨突厥贼兴兵，锦绣山河染血腥。桑折麦倒乡里蹂躏，烧杀掳掠田舍化灰尘。狼子野心从来狠，乘铁骑入都门，国土覆灭，

1 王永运：《南北谈艺录》，北京：中国戏剧出版社，2004 年，第 246 页。

覆巢之下卵难存。不许胡骑越过燕山岭，奴愿赴沙场万里行。”在那个特殊时期，这无疑起到了振奋民心的作用。

豫剧《花木兰》同样突出爱国主题，木兰被塑造成肩负保家卫国使命的女英雄形象。实际上，常香玉本人也可以说是现实中的“木兰”，她在抗美援朝时期带领剧社在全国义演178场，筹集资金为志愿军捐赠了一架飞机，因而由她塑造的木兰形象天然带有“慷慨报国”“为民奉献”的时代精神。河南豫剧院艺术室整理的豫剧《花木兰》剧本在前言中指出木兰是一位“爱国孝父、英勇善战的巾帼英雄”[1]，全剧也围绕这一主题展开故事情节、塑造人物。木兰从军既是因“老爹爹近几年衰老多病，哪能够到边关去把贼平？”[2]又是因为“恨敌人犯边疆侵我乡里”[3]。豫剧《花木兰》中还虚构了刘忠这样一位贪生怕死的士兵形象，赶路途中他消极懈怠、走走停停，唱着：“思爹娘……想妻子路远难见，不由得一阵阵我愁上眉间。……为什么别人都可以在家团圆，偏叫咱们出来打仗？”[4]木兰反驳道：“刘大哥此言差矣！……边关的兵和将千千万万，谁无有老和少田户庄园。若都是恋家乡不肯出战，怕战火早烧到咱们的门前哪！”[5]这段唱词既反映了木兰抗战的积极性，以此批判当时社会上存在的消极抗战思想，又指出抗美援朝的本质是中国人民志愿军为保家卫国，支援朝鲜人民反侵略的正义战争。抗美援朝战争的胜利，既是中国共产党领导的人民军队的胜利，

1 河南豫剧院艺术室：《花木兰》，北京：中国戏剧出版社，1959年，第1页。
2 河南豫剧院艺术室：《花木兰》，北京：中国戏剧出版社，1959年，第4页。
3 河南豫剧院艺术室：《花木兰》，北京：中国戏剧出版社，1959年，第4页。
4 河南豫剧院艺术室：《花木兰》，北京：中国戏剧出版社，1959年，第20页。
5 河南豫剧院艺术室：《花木兰》，北京：中国戏剧出版社，1959年，第21页。

也是党思想政治工作的胜利。[1]豫剧《花木兰》在前线的上演，成为战时思想政治工作的重要组成部分，体现了文艺工作形式的多样性和内容的丰富性，具有宣扬爱国主义和革命英雄主义，鼓舞志愿军斗志的现实意义。

在特殊的战争年代，“为战争服务”的目的高于一切，不论是在反封建时期还是在反帝国主义侵略时期，不论是在抗日战争时期还是在抗美援朝时期，木兰一直以“爱国者”的姿态出现于文本中。自梅版《木兰从军》始，木兰的从军动机便被注入时代精神，从单纯的“为父尽孝”到“为国家分忧，为民族解愁，为家庭争光”[2]。木兰肩负着“醒世”的重任，渴望唤起全民族的爱国热情，号召民众投入反侵略斗争。纵观此时的木兰文本，不难发现，木兰形象的塑造一直被政治话语左右。在古代木兰文本中，木兰是占统治地位思想道德的载体；在战时木兰文本中，木兰成为国家意识形态转换表达的媒介。时代需求将木兰召唤至此，其代父从军的行为被赋予全新意义，“女性”“英雄”的双重特质使她在唤起全民族（既包括男性也包括女性）主体意识与爱国精神上有着其他文化形象无可比拟的优势。

第二节 做“人”做“女人”——新时期木兰文本

1978 年 12 月党的十一届三中全会的胜利召开标志着中国

1 周绍英：《抗美援朝战争思想政治工作的经验及当代启示》，重庆师范大学学报（哲学社会科学版），2013 年第 2 期。

2 王梦姣：《“木兰电影”研究》，西南大学硕士学位论文，2017 年，第 28 页。

的社会主义建设来到了以经济建设为中心的新阶段，这次会议也成为中国进入新的历史时期的重要标志。随着社会发展总任务的转变，文艺创作也进入新时期。邓小平在1979年10月《在中国文学艺术工作者第四次代表大会上的祝词》中指出：“我们的国家已经进入社会主义现代化建设的新时期。……我们要在建设高度物质文明的同时，提高全民族的科学文化水平，发展高尚的丰富多彩的文化生活，建设高度的社会主义精神文明。……党对文艺工作的领导……是根据文学艺术的特征和发展规律，帮助文艺工作者获得条件来不断繁荣文学艺术事业，提高文学艺术水平，创作出无愧于我们伟大人民、伟大时代的优秀的文学艺术作品和表演艺术成果。”[1]《祝词》中还提到：“雄伟和细腻，严肃和诙谐，抒情和哲理，只要能够使人们得到教育和启发，得到娱乐和美的享受，都应当在我们的文艺园地里占有自己的位置。英雄人物的业绩和普通人们的劳动、斗争和悲欢离合，现代人的生活和古代人的生活，都应当在文艺中得到反映。”[2]在当代文学发展的新时期，文学生产力获得了极大的解放，表现出新的审美特征。

新时期的文学艺术创作最突出的特点是恢复、继承并发展了“十七年文学”与“五四启蒙文学”的传统，重视人的精神主体性，呼唤和探索人的尊严与价值。“人”的概念被重新定义，人的本性和情感成为文艺作品的关注点和落脚点。朱德发总结道：“几乎所有的文学主题都围绕人的重新发现这个轴心

1 邓小平：《邓小平文选》第二卷，2版，北京：人民出版社，1994年，第208、213页。
2 邓小平：《邓小平文选》第二卷，2版，北京：人民出版社，1994年，第210页。

而向四面八方延伸、扩展和深化；新文学主题之所以深刻感人，主要在于它以前所未有的真诚和热情、紧迫感和危机感，来重新呼唤人的觉醒，重新发现人的价值，重新提高人的尊严，将‘神’还原为人，将‘鬼’还原为人，使人性得到全面发展，使人的潜能和价值得到充分的发掘和肯定。这种人道主义本质的恢复和深化是新时期共同的灵魂或主脑。”[1]在古代文本中，木兰承载的封建道德伦理是叙述核心；在战时文本中，木兰言说的民族国家话语是聚焦重点。到了新时期，创作者的视野呈现出“向内转”的趋势，木兰作为一个“人”的精神世界、情感生活、家庭日常成为书写对象。她不再仅是一个被征用的政治和伦理符号，而终于以有血有肉的“人”的姿态立于文本之中。

关于“人性”的重新发现，1994 年的龙江剧《木兰传奇》开了先河。有别于以往木兰文本采用的宏大叙事手法，《木兰传奇》的主线索是“情”，将关注点放到了木兰的爱情生活和个人经历上，着力展现其微妙婉曲的女性心理与复杂隐秘的内心世界。全剧以“情”贯穿始末，这从每场的场名中便可窥见一二。序幕《别情》表现了“泪眼别亲情”的主题，以伴唱的形式通过《木兰诗》中的诗句“阿爷无大儿，木兰无长兄。愿为市鞍马，从此替爷征”简单交代了木兰从军的起因；通过仅有的一处对白“花木兰：‘爹！爹！’花父：‘孩子，别哭。’”[2]展现花家父女的不舍之情。此时的木兰不再是战争时期义无反顾奔赴前线的巾帼英雄，而成为一个对未知前路犹疑徘徊的普

1 朱德发：《朱德发文集》卷五，济南：山东人民出版社，2014 年，第 126 页。

2 中华人民共和国文化部艺术司：《国家舞台艺术精品工程剧作集·地方戏曲》卷二，北京：文化艺术出版社，2007 年，第 521 页。

通人。

“亲情”是《木兰传奇》的序曲，而“爱情”才是《木兰传奇》要凸显的主题。第一场《结情》中，创作者的叙事焦点第一次聚集在木兰的内心活动上，“夜宿营你挤我靠赤身露体，羞煞我这女孩儿家没法安息”[1]，明确写出了木兰作为女儿家的羞涩心理。作为一名女性，要隐瞒性别与众多男兵相处自然会产生各种不便，木兰如何避免这些不便，她在军中过着何种生活，又有着怎样的心理活动，这些都是读者在阅读木兰文本时易生发出的疑惑，也是先前木兰文本中尽力避免提及的话题。古代木兰文本避免提及诸如此类问题是因为木兰的易装行为明显有悖于封建性别规范，哪怕更高一层的道德伦理“孝”消解了女扮男装的颠覆性，但这毕竟是一种性别僭越行为，木兰的作战经历、战场生活注定不可能成为封建文人创作的聚焦点，更不要说深入木兰内心去展现她的心理活动了。在战时木兰文本中，出于抗战需要，木兰更多被塑造成坚定的战士，她毫不犹疑地告别亲人奔赴战场，这是一个为取得战争胜利几乎抛却了个人情感的形象，创作者当然也不会挖掘其女性心理，毕竟“女性”向来与“软弱”联系在一起。

《木兰传奇》则用了大量篇幅描绘木兰的爱情心理，第一场之所以被冠以“结情”之名，便是因为在这一场中木兰与金勇的爱情开始萌芽。两人的爱情始于一场“英雄救美”。木兰心地善良，行军途中经常替其他士兵站岗，张傻子看到这情景

1　中华人民共和国文化部艺术司：《国家舞台艺术精品工程剧作集·地方戏曲》卷二，北京：文化艺术出版社，2007 年，第 523 页。

打算伙同其他男兵逗弄一下她。听到其他男兵说自己“弟，你说话咋柔柔细细？”“你举动咋女里女气？”“小模样长得如花似玉。”“咋看咋不像个小老弟”（去摸木兰脸）时，木兰害怕女儿身的秘密被发现，不禁大喊“滚开”，下意识一拳打倒张傻子，双方就这样起了冲突。[1]冲突无法收场，金勇现身了，他刚出现便说了这样一句话：“我多次告诫你们，新兵刚到军营，思家乡，想亲人，已经够苦的了，理应对他们格外关照才是！”[2]战时木兰文本更强调为国家抛头颅、洒热血，思乡思亲仿佛是种软弱行为，如果士兵表现出这种情绪，不免要被批评劝解一番，而在《木兰传奇》中，思乡思亲被视为人之常情，获得了谅解甚至认同。由此可以看出新时期文艺作品不同以往的明显变化，人的自然欲求成了肯定对象进而成为表现主体。在金勇的帮助下，木兰摆脱了张傻子等人的纠缠，听说金勇要夜探敌营，她自告奋勇一同前去，并凭着连续几夜站岗的经验，通过观察地形找到了突围脱险的办法，此后二人结拜成兄弟。“结情”看似结的是兄弟情，但结合后文便可发现，此番结的还有两人的爱情。第二场《叙情》中，花木兰因作战有功官拜将军，她与金勇饮酒时唱道：“三杯酒敬知音千言万语，咱兄弟花开并蒂根连根。真羡慕天上的鸟儿鸣啭传韵，比翼飞天长地久永不离分。”[3]虽然唱的兄弟情，但并蒂莲与比翼鸟明显是夫妻或

1 中华人民共和国文化部艺术司：《国家舞台艺术精品工程剧作集·地方戏曲》卷二，北京：文化艺术出版社，2007 年，第 523 页。

2 中华人民共和国文化部艺术司：《国家舞台艺术精品工程剧作集·地方戏曲》卷二，北京：文化艺术出版社，2007 年，第 524 页。

3 中华人民共和国文化部艺术司：《国家舞台艺术精品工程剧作集·地方戏曲》卷二，北京：文化艺术出版社，2007 年，第 530 页。

情人的代名词，而当金勇唱道："可笑咱俩是男人。"[1]花木兰又接着唱："是男人……是男人也要天长地久，永不离分！"[2]足见木兰已对金勇暗生情愫。第三场《误情》中，木兰救下了名为韩梅的逃难少女，韩梅不禁对木兰芳心暗许，木兰不得已向她道出自己本为女儿身的秘密，韩梅听后大惊："你，你是怎么熬过来的呀！"[3]这一句话道出了木兰"女扮男装、替父从军"的艰难与辛酸，展现了先前木兰文本中从未关注过的木兰在军中的生存困境。这一幕被金勇看到，他气愤木兰在危难之时还贪恋女色，为解除误会，木兰向他道出实情。第四场《梦情》中几乎都是金勇与木兰的唱白，在木兰女儿身份暴露后，通过唱词展现了两人对彼此的钦慕，木兰更是情不自禁发出了"我是个女人，我是个女人……（大喊）金勇哥，我是个女人！我是个女人哪！"[4]的呼喊。此时的木兰，不仅回归到了"人"，更回到了"女人"。第五场《盟情》，木兰与金勇表明心迹，许下誓言。金勇为保战争胜利，不惜带队冲入敌营，他将敌军拦腰斩断，自己也牺牲在战场上。木兰率兵营救，最终只发现金勇的尸体，不禁悲痛欲绝。第六场《祭情》展现的是木兰对逝去爱人的祭奠，战争结束后，她拒绝封赏，"木兰我军旅生

1 中华人民共和国文化部艺术司：《国家舞台艺术精品工程剧作集·地方戏曲》卷二，北京：文化艺术出版社，2007 年，第 530 页。

2 中华人民共和国文化部艺术司：《国家舞台艺术精品工程剧作集·地方戏曲》卷二，北京：文化艺术出版社，2007 年，第 530 页。

3 中华人民共和国文化部艺术司：《国家舞台艺术精品工程剧作集·地方戏曲》卷二，北京：文化艺术出版社，2007 年，第 537 页。

4 中华人民共和国文化部艺术司：《国家舞台艺术精品工程剧作集·地方戏曲》卷二，北京：文化艺术出版社，2007 年，第 542 页。

涯十二年，迎来这太平盛世万民安。非所求无所憾，愿驰千里足，送儿还故园。”[1]

《木兰传奇》将此前木兰文本中刻意回避或者仅作为点缀出现的爱情因素作为叙述重点，通过爱情主题凸显木兰的女性特质。这一方面是新时期文学对“人的解放、追求个性、人格独立”等启蒙思想的重新发现，另一方面也受到20世纪80年代中后期到90年代涌入中国的西方后现代女性主义思潮影响，表现女性内心深处的愿望和渴求。相较于古代文本中的符号化木兰形象以及战时文本中的无性化木兰形象，新时期文本则向木兰的心理层面进行开掘，展现其未被观照过但又切实存在的女性心理与深层精神世界。值得一提的是，《木兰传奇》没有设计一个大团圆的喜剧结局，而是将木兰在军中的爱情以悲剧的形式展现出来。进入新时期以后，和平与发展成为世界主题，对战争的反思、对和平的展望成为此时文艺作品的关注点。一方面，木兰的个人悲剧深化了爱国主题，正是无数像木兰这样的战士的无私奉献才让千千万万个家庭过上了幸福生活；另一方面，其悲剧同样揭示了战争的残酷，抒发了对和平安定的渴望，体现了新时期的创作方向由“战时状态”向“建设状态”的转变。此后的木兰文本在重构木兰故事时大多与《木兰传奇》类似，倾向于将木兰的女性心理、精神世界、个人生活作为主要表现内容。

在描绘木兰的家庭生活方面，1998年由袁咏仪、赵文卓

1 中华人民共和国文化部艺术司：《国家舞台艺术精品工程剧作集·地方戏曲》卷二，北京：文化艺术出版社，2007年，第549页。

主演，杨佩佩出品的电视剧《花木兰》具有典型意义。该剧分为上下两部，上部为《木兰新编》，讲述的是木兰代父从军、征战沙场的传奇故事；下部为《木兰从夫》，主要展现木兰与大将军李亮的婚后家庭生活。作为台湾的金牌制作人，杨佩佩制作的电视剧曾多次入围台湾电视金钟奖，《花木兰》更是获得 2000 年金钟奖最佳连续剧奖提名。电视剧是流行艺术的主要类型，具有鲜明的娱乐化、通俗化和大众化特征，并且关注经济效益与商业回报。因此，《花木兰》并没有像先前的木兰文本那样基本遵守传统木兰故事的主线结构，而是进行了大幅度的改编，呈现给观众的是一出现代古装言情喜剧。改编程度之大，从全剧开篇先设置了一个奇幻背景便可见一斑：花弧夫妇已育有三女，夫妻二人十分渴望生一个男孩继承香火，岂料又生了一个女孩，这让夫妻两人大为失望，花母也因此对木兰心生厌恶。木兰从小便大大咧咧、不拘小节，在花母祭拜灶神时，她出言不逊引得灶神苏吉利心生恼怒。苏吉利为木兰编排了一些莫须有的罪名，在玉帝与王母跟前告了她一状。幸好木兰机敏，在雷公电母下界捉拿她时自证清白，最终免于灾祸。此时，花父收到了军贴，花家陷入一片愁苦之中，最后木兰挺身而出，决定代父从军。玉帝与王母在天上看着花家发生的一切，王母认为木兰孝心可嘉，必会化险为夷，出人头地，玉帝则认为打仗向来是男人的事情，木兰逆天而行，恐怕连怎么死的都不知道。于是他们便打了一个赌，将苏吉利贬为凡人，既作为对他欺上瞒下的惩罚，又让他跟在木兰身边，确认最终谁能赢得这个赌。

电视剧《花木兰》之所以呈现出如此混合杂糅的样态，与20世纪90年代充斥于台湾的“神仙崇拜”宗教文化和“重男轻女”伦理思想脱离不了关系。台湾的宗教氛围十分浓郁，并且没有形成统一的信仰，道观、寺庙、教堂这些来自不同宗教的建筑随处可见，可谓是“多神之岛”。据有关资料介绍，目前，台湾人口约为2300多万……在信仰宗教的人群中，信仰佛教、道教、儒教、台湾民间信仰的约为93%。尽管台湾在经济社会各方面的现代化程度很高，但是，宗教信仰及宗教文化的影响力却很大，影响到社会各个阶层人们生活的方方面面，几乎成了人们生活中不可或缺的部分。[1]造成如此状况的原因，一方面是台湾宗教团体采取了世俗化的发展策略，以现代企业模式组织架构，同时创办经济实体，参与社会公益事业，渗透进台湾人民的现代生活当中；另一方面是宗教文化与台湾旅游产业紧密结合，台湾当局将各种宗教节日当作观光和狂欢活动，以此吸引大量外来游客，使旅游业成为台湾经济发展的重要支柱。然而，必须认识到的一点是，无论宗教文化的现代化程度有多高，都改变不了它迷信蒙昧和作为封建思想残余的本质，这也在一定程度上导致了台湾的妇女解放进展缓慢，直到90年代社会整体还表现出“重男轻女”“男尊女卑”的态势。在当时，台湾的男女新生儿比例十分不平衡，女性缺乏公平的就业机会和环境，婚姻、家庭的相关法律也充满了对妇女不利的条文。[2]任何的文学创作倾向的出现都不是偶然的，而是对社会存在和

1 赵宪军：《管窥台湾宗教文学》，《中央社会主义学院学报》，2013年第3期。
2 京阳：《倍受歧视的台湾妇女》，《黄埔》，1994年第2期。

现实生活的真实反映。台湾的社会环境、文化氛围和思想观念影响着当地文艺人士对木兰故事的讲述。

《花木兰》采用了当时港台极为流行的戏说传奇剧形式，真正贯彻了“戏说”的“戏”字，全剧“洋溢着港台流行的市井文化氛围：重男轻女的传统观念、拜神看相的迷信习气、无厘头的搞笑、世俗化的神仙和历史”[1]。与20世纪八九十年代出品的《一代女皇》《戏说乾隆》《新白娘子传奇》《包青天》等戏说历史剧与戏说传奇剧一样，“选取历史题材，但又不忠实于历史，而是加以任意的编造，以古人的名字，仿古的背景，秉承现代人的情感，言说当代人的话语”[2]。简而言之，该剧不过是借用了木兰故事的外壳，内里填充的却是典型的现代情感伦理故事。这样的木兰形象在首播之时引起了一番争议，不少业内人士、影评家与媒体工作者对这种戏说英雄模式提出质疑，但此剧一经播出便创下收视狂潮，在台湾、香港播出时均荣登同时段收视率榜首，后在湖南经济电视台播出时平均收视率为25.8%，最高收视率达30.67%。[3]这些数据统计充分说明普通观众对此剧接受程度之高，《花木兰》确实迎合了大众口味，在当时颇受欢迎。

剥掉包裹在电视剧之外的历史传奇外壳，会发现《木兰新编》是一出都市女性职场剧，而《木兰从夫》则是家庭伦理剧。在《木兰新编》中，战场被置换为职场，对战争的关注点并未

1 魏绍飞：《木兰形象的文化变迁》，四川大学硕士学位论文，2006年，第38页。

2 胡和平、肖丽君：《影视与社会主义核心价值》，北京：中国广播电视出版社，2013年，第31页。

3 转引自魏绍飞：《木兰形象的文化变迁》，四川大学硕士学位论文，2006年，第37页。

放在敌我双方的殊死决斗上，而是放在了军营内部，展现了新兵晋升、同僚关系以及上下级关系等内容。和平年代，没有了看得见硝烟的战场，却迎来了看不见硝烟的职场，木兰的从军史便是一出职场女性奋斗史。在台湾，即便男性女性获得了法律意义上的平等，然而“男尊女卑”“女主内、男主外”的传统两性观依然根植在社会内部。现代职场已不再禁止女性进入，但是女性想要在职场站稳脚跟并做出一番事业却要比男性困难得多，这是诸多“事业女性”面临的困境。木兰作为中国历史中的“女强人”典型，被用来展现都市女性职场生活，极易使观众获得亲切感与认同感。《木兰从夫》则大胆地对木兰的婚后生活做出假设：木兰出嫁后的婚姻生活会是怎样的？这样一个传奇女英雄会不会沦为普通家庭妇女？对于这些问题，此前没有任何木兰文本给出过答案，即便写到木兰的婚姻，也都是点到为止，不曾深入探讨过木兰的婚后生活。《木兰从夫》则以“女强人”的家庭生活为出发点，将木兰置于夫妻关系、婆媳关系、姑嫂关系当中，展现事业女性在离开职场、回归家庭后的生存状态：如何在事业与家庭中找寻平衡，如何协调家庭内部的伦理关系。电视剧作为一种转译社会意识形态与反映社会现实问题的文化产品，借用木兰故事表现都市女性的现实生活，虽然颠覆了历史传统，但却具有一定的现实意义。《花木兰》在戏说历史和传统的同时，将古代木兰文本承载的道德教化意义与战时木兰文本言说的民族国家话语削弱至边缘地位，情感纠葛、家长里短、婆媳相争成为全剧的主旋律。木兰是女儿、妻子、媳妇，唯独不是战士、不是英雄，她的生活重心从战场转移到家庭，成为了台湾都市女性的缩影。

龙江剧《木兰传奇》中木兰是有血有肉的女英雄，电视剧《花木兰》中木兰是敢拼敢干的女强人，某种意义上，这都是超脱普通女性的存在。到了2009年由马楚成导演，张挺编剧，赵薇、陈坤主演的电影《花木兰》中，木兰第一次成为一个普通女孩。当导演马楚成被问及他心目中木兰是个怎样的女孩时，他这样回答：“我们讨论了很久，有一个版本她是很强势的，话不多，很有爆发力的；有一个版本她很有智慧，很灵活；最后我觉得，花木兰其实就是一个普通的女孩子。”[1]与先前木兰文本通过战争表现木兰的坚强果敢、智勇双全不同，电影《花木兰》更侧重表现木兰的成长经历。在龙江剧《木兰传奇》与电视剧《花木兰》中，木兰出场即已完成了自我成长：龙江剧《木兰传奇》中，她机智果敢，带领士兵取得战争胜利；电视剧《花木兰》中，她有勇有谋，在军中一路晋升。但在电影《花木兰》中，木兰成为了一位成长型女性。

影片中的女性成长主题表现在围绕“成熟情节或曰成长故事”[2]展开叙事，“呈现女性在思想、心理、人生阅历等方面不断成熟历练的过程，力求探讨女性意识的发展变化”[3]。最开始，木兰面对陌生的军营生活，感到彷徨、迷失；面对残酷的战争场面，选择软弱、逃避；面对同伴的死亡牺牲，陷入颓唐、绝望。虽然她在艰难的处境中完成了蜕变，但从来都不是发动行为的主体，而是被身边的人、事、物推着向前走，始终

1 马楚成、张挺等：《花木兰》，南京：凤凰出版社，2009年，第148页。
2 罗伯特·麦基：《故事》，周铁东译，北京：中国电影出版社，2001年，第95页。
3 山郁兰：《华语女性成长电影中女性意识的突显与困局》，《电影新作》，2021年第4期。

处于被动位置。她从小练就一身武艺，但从军的原因不是为了实现自我价值，也不是保家卫国，而是源自为父分忧的责任感。从军过程中，她目睹了同伴的死亡，认识到了战争的残酷，终于克服内心恐惧手持长刀砍下了敌军将领的头颅。但此刻她奋勇杀敌不是为了国家，只是为了并肩作战、朝夕相处的兄弟。后来文泰战死，她因为失去爱人而一蹶不振，心灰意冷，最终在孤独绝望中醒悟，明确了自身肩负的保家卫国之责任，带领士兵们走出军营，踏上战场。此片最特别之处在于，影片开始，木兰的女性身份便暴露出来：一次偶然的机会，副营长文泰发现了木兰的秘密，但见她为人正直、功夫了得，所以替她隐瞒身份。在这之后，木兰身上的女性特质被不断强调，女性的柔软与共情特质消解了她的英雄身份，一个更人性化的、更女性化的木兰形象出现在大众审美视野中。

电影还通过木兰的从军经历展现反战主题，创作者力图拍摄一版全新的、有别于以往任何木兰作品的影片，于是选择“用更高的视域去观照战争，反思战争，体现了当代文化语境下人们阐释花木兰故事的新视点”[1]。正如导演所说的：“只有情感是亘古不变的，只有情感是电影的灵魂……战争场面拍得很好，给观众快感，体会暴力的快感，不是我所希望的一件事……我希望不是要渲染一种暴力的美感，而是展现战争的残酷与无奈。”[2]基于这样的目的，主创们选择通过爱情消解战争的残酷，采取“泛感情化”策略推动事件向前发展，千军万马都成了木

1 张明芳：《节日的视觉盛宴——中国贺岁电影研究》，太原：三晋出版社，2014 年，第 227 页。
2 马楚成、张挺等：《花木兰》，南京：凤凰出版社，2009 年，第 144 页，第 149 页。

兰爱情经历的背景。《花木兰》呈现了一个崭新的、不同以往的木兰形象，然而这样的形象并没有获得大众认可。电影的投资成本超过五千万，最终票房只有 8600 万，远没有达到盈利目标。同时，时光网给出的 6.6 分、豆瓣网给出的 6.2 分评分说明电影在口碑上也遭遇了滑铁卢。《花木兰》在主题与叙事方面确实存在许多硬伤，人物性格不够丰满，叙事逻辑不够严谨，爱情主题过于单薄等等，都是电影没有取得预期效果的重要原因。不过仅从木兰形象塑造来看，电影走出了一条新路，具有一定的启发意义。

2013 年，中央电视台也播出了一部根据木兰故事改编的电视剧《花木兰传奇》，在传统文化中注入了时代精神。相较于以家长里短作为主要内容的台湾电视剧《花木兰》，《花木兰传奇》的立意更为深远，既展现了木兰的个人生活和爱情经历，又将其置于宏阔的历史背景之下，以个体的经历批判封建思想，肯定女性地位，倡导民族团结，赞美和平时代。剧中的木兰独立自信，聪慧勇敢，凭借自己的努力为父亲、爱人解决难题，为国家做贡献，是典型的有理想、有本领、有担当的现代女性形象。电视剧的开篇，北魏和柔然在经历了数次战争后决定休战，并以和亲的方式结两国之好，花父也因此不必出征。这一情节设定与当今倡导的以和平的方式解决争端，坚持共同发展的理念相适应。北魏公主出嫁需要携带《和亲图》，于是朝廷在全国征选优秀的织女主持织造《和亲图》，并为其颁发“天下第一织女”的荣誉，其父兄也将永久免除兵役。纺织技术精湛的木兰在选拔中一路领先，还帮朝廷抓获了意图破坏《和亲图》的反派势力。此前的现代木兰文本基本上强调的都是木兰擅长骑射、武艺精湛的一面，刻意忽略《木兰诗》中的纺织情节或者直接将木兰的性格设置为讨厌纺织。《花木兰传奇》反其道而行，实际上肯定了女性在家庭内部的付出，从事“纺织”并非比精通“骑射”低一等，同样能够为社会做贡献。在反派势力将染黄丝的黄铁矿偷空后，木兰和父亲决定用有毒性的风雷石染丝。最终，《和亲图》顺利完成，父女两人却相继中毒，幸而在医生的全力救助下捡回性命。这种甘愿为国牺牲，热爱和平的精神无疑是许许多多为了新中国成立和社会主义建设无私奉献的先进人物的缩影。最后，在两族人民的努力之下，阻止了反派势力掀起战争的阴谋，签订盟约，世代友好。这一结局传达了民族团结的重要性，相互尊重、相互理解、友好共处、和平发展才是各族人民内心深处的渴望。《花木兰传奇》播出后，收视率名列前茅，问鼎收视排行榜冠军。[1]这充分说明了传统故事与时代主题相结合是人民喜闻乐见的艺术形式，是中华优秀传统文化在现代社会焕发生机的有效途径。

在内容上，新时期的木兰文本表现出鲜明的时代精神，在形式上，则呈现出多样化的特点。除了此前提到的戏曲、电视剧、电影，木兰故事还被改编为歌舞剧。2005年，由作曲家关峡创作、中国著名歌唱家彭丽媛主演的大型情景交响音乐剧《木兰诗篇》作为联合国成立60周年的庆典活动之一在美国曼哈顿林肯表演艺术中心上演。该剧基本依托木兰故事的传统架构，以男扮

1 《〈花木兰传奇〉收视夺冠 吕良伟获赞“收视之王”》，中国新闻网，2013年8月27日。https://www.chinanews.com/yl/2013/08-27/5213048.shtml

女装、替父从军为主线，利用激烈的音乐与舞台设计呈现战争的残酷和战士为了实现和平而无畏死亡的崇高精神。同时，将婉约、柔美的主题曲《木兰花》穿插其中，展露木兰羞涩的女儿心和苦涩的相思情，又在《我的爱将与你相伴终生》的选段中，表现了木兰对美好爱情生活的向往。第四乐章《和平礼赞》揭示了全剧的主旨，呼吁和平，呼唤人性，表现了人们对战争的厌恶以及对和平生活的向往与渴望。

纵观整个新时期的木兰衍生文本，可以发现木兰形象摆脱了封建道德伦理与民族国家话语加诸其身的种种枷锁，开始向“人”回归，向“女人”回归。不同文本通过不同视角对木兰故事进行重构，甚至在某种程度上颠覆、推翻了原初木兰文本的价值内核。但正如电影《花木兰》的编剧张挺说的那样：“如果我们徒劳费力地想恢复历史人物的价值观念，往往反而离观众越来越远。每一个历史剧的创作，事实上是针对当代人的一个创作。”[1]换句话说，“重要的不是故事讲述的年代，而是讲述故事的年代”[2]，比起传承所谓“正统”的木兰形象，创造出反映现代人心理、表现当下社会现状的木兰形象，显然具有更积极的现实意义。

第三节　榜样力量——新世纪木兰儿童绘本

1 马楚成、张挺等：《花木兰》，南京：凤凰出版社，2009 年，第 159 页。
2 马楚成、张挺等：《花木兰》，南京：凤凰出版社，2009 年，第 159 页。

木兰故事除了广泛存在于成人文学中，同样普遍存在于儿童文学中。民间传说作为儿童文学的重要母体，孕育、培养并发展了儿童文学，两者具有天然永恒的血缘关系。作为中国最广为人知的民间传说之一，木兰故事成为不少儿童文学的取材对象。五四运动起，中国儿童文学开始步入正轨，1976 年进入新时期后，“呈现出一派欣欣向荣的景象，它的发展超越了历史上任何一个时期，取得了空前巨大的成就”[1]。除此之外，图画书或者说儿童绘本被人们普遍熟悉和接受，成为一个新兴的、广受欢迎的儿童文学门类。进入新世纪以来，涌现了不少高质量的木兰儿童绘本，它们成为木兰故事广泛传播的重要媒介。

成人文学提倡“以真为美”，前文中提到的几部新时期木兰文本都着力展现木兰的“真”，包括她的个性心理、爱情经历、家庭生活等等。但儿童文学更提倡“以善为美”[2]，即“应当助长儿童本性上的美质：——天真纯洁，爱护动物，憎恨强暴与同情弱小，爱真爱美……等等。”[3]所以，在对艺术真实的表现上，儿童文学明显有别于成人文学，真实生活中某些“少儿不宜”的内容是不适宜放进儿童文学中的。基于以上原则，木兰儿童绘本在重述木兰故事时，坚持表现对美好生活的憧憬，对真善美的颂扬，对假恶丑的鞭挞，木兰多半被塑造为引领儿童成长的引路人形象。

1 蒋风：《新编儿童文学教程》，杭州：浙江大学出版社，2013 年，第 53 页。

2 王泉根：《论儿童文学的基本美学特征》，《北京师范大学学报》（社会科学版），2006 年第 2 期。

3 茅盾：《再谈儿童文学》，《文学》，1936 年第 1 期。

2000年，上海人民美术出版社出版了儿童绘本集《中国古代民间故事》，这是"上美精品百种连环画"的重要系列，共改编绘制了58个民间故事，《木兰从军》便是其中之一。作品不仅剔除了成人文本擅长展现的木兰爱情生活，并且消减了专制权威带来的压迫感，弱化了战争中的暴力成分。远离成人间的两性关系、远离权力斗争、远离暴力，几乎是世界一切优秀儿童文学共同遵守的审美范式。绘本首先介绍了故事背景，即"从前突厥王带领兵将，侵犯我国北方边境"[1]，将战争性质定义为反侵略战争，凸显战争的正义性。其次，传统木兰故事中，朝廷征兵是封建统治者对下层人民的一种压迫，但到了绘本中，征兵原因是"因突厥兵侵犯我国边境"，是为"抵御敌寇"。前来征兵的官差也十分通情达理，主动出主意"花弧若是年老，可由儿子代替"，在得知花弧没有长子后，才强调"边疆紧急，抗敌重要""没有长儿代替，只好叫他自己出征"。带有强制性的征兵令是木兰代父从军的导火索，也是无论怎样重述木兰故事都无法改变的前提，但《木兰从军》尽量弱化了这种强制性。在这样一个和平、民主的时代，儿童文学在改编传统故事时，必定要注重文本价值内核的转换，同时考虑到儿童心理，创作出既符合时代要求又有益于儿童心灵成长的作品。在描绘作战过程时，绘本增加了两个细节。一是战争胜利后，士兵们押解俘虏进城，木兰特别强调"不准乱动百姓一草一木，所俘敌兵，好好看管"，无疑展现了鲜明的人道主义原则；二

1 卢世澄：《木兰从军》，上海：上海人民美术出版社，2000年。因是绘本，原作中没有标页码，以下出自儿童绘本的引文均无页码，不再一一说明。文中绘本《木兰从军》原文引用均出于此，后不再赘述。

是在元帅赞扬木兰“擒了番王，攻破了嘉峪关，真是奇功”时，她说道：“不敢，功在元帅正确指挥，以及全军奋勇杀敌，末将小功算不了什么”，体现了谦虚品格与集体主义精神。这些都是新时代英雄应该具备的良好品质，创作者通过绘本将其传达给儿童，木兰也因此被塑造为帮助儿童树立正确人生观、价值观、道德观，带领儿童正确认识世界的引领者形象。

20 世纪末至 21 世纪初发行的大多数木兰儿童文本呈现的木兰形象都与《木兰从军》塑造的木兰形象相似，创作者在进行文本创作时，一般坚持对儿童有益的创作标准，较少提及木兰的个性心理，而是将其塑造成新时期道德标准的展示者，发挥榜样力量。近几年，一些作家在塑造木兰形象时会将自己独特的人生体验和审美趣味融入其中，创作出不同以往的木兰儿童绘本。

2013 年二十一世纪出版社出版了由魏亚西编写、张卫东绘制的儿童绘本《花木兰》，这也是全国教育科学“十一五”教育部规划课题——儿童动漫艺术教育资源的开发研究成果之一。作品着重刻画了木兰的心理成长过程，展现了她怎样从思乡落泪的少女成长为文武双全的女战士，如何一步步使自己的内心变得强大。在描绘木兰的军队生活时，作者淡化了其中的战争因素，更强调木兰的个人成长。以往木兰文本在展现木兰的智勇双全时，总是以木兰善战作为切入点，详细描绘她奋勇杀敌、浴血奋战的场景。但在绘本《花木兰》中，创作者更多展现了木兰在军中的奋斗历程。开始大家看她长得文静瘦弱都瞧不起她，木兰用行动反驳这些质疑，不仅吃苦耐劳，而且训练成绩十分优秀，成为士兵们的榜样，不久被提拔为小队长。在表现木兰英勇时，创作者不强调杀了多少敌人而强调救了多少队友，“一个年纪较小的士兵，因为第一次上战场，惊慌失措差点被敌人砍中，多亏木兰眼疾手快救了他。”[1]木兰不顾自己的伤势去看望战友时，她的战友感激地说道：“木兰这次救了我的命”“也救了我”，“一时间，木兰的勇敢、善良在军队中口口相传。”作品赋予木兰“勇”的品质，同样凸显木兰“善”的品格。一直支撑木兰作战的信念则是“只有拼尽全力保卫边疆，家乡的亲人们才能过上安宁幸福的日子！”当战争结束，边疆终于赢来和平时，战士们一齐高喊：“我们可以回家啦！我们可以回家啦！”渴望和平的愿望贯穿整个战争过程，暴力因素被削弱到最低程度。

同年，明天出版社出版了由当代画家蔡皋绘制的儿童绘本《花木兰》，不同于其他木兰绘本，蔡皋并没有对木兰故事进行进一步加工，而是直接沿用了原初《木兰诗》中的诗句，仅通过图画向读者传达自己的价值理念。蔡皋擅长从中国民间故事中取材，剔除其中不合时宜的部分，渗透入当代情怀。她曾说过：“我的艺术对民间最重要的汲取，我以为是在精神：对生命的大肯定精神 。”[2]蔡皋在绘制木兰离家前和归家后的乡村生活时，用了相对明艳的草绿、浅粉、橙红、天蓝等容易带来视觉冲击力的色彩，展现了对生命的肯定与赞扬，对和平生活的喜悦与感恩。在绘制战争场面时，则多

1 魏亚西：《花木兰》，南昌：二十一世纪出版社，2013 年。文中绘本《花木兰》原文引用均出于此，后不再赘述。

2 蔡皋：《我的民间独白》，《创作与评论》，2013 年第 10 期。

用灰棕、灰绿、灰蓝等暗色调颜色，采用拉页形式，使场景显得更加宏大。同时，将激战与战后场面进行对比：激战时，画面色彩浓烈，士兵们的面部表情被刻画得狰狞残暴；战后，画面色调转入灰暗，横尸遍野，间或有一两个残兵败将垂着头走在尸林中，全部隐去了表情。这样的设计充分展现“将军百战死，壮士十年归”的悲凉，给读者带来一种视觉与心灵上的冲击。在展现生命意识的同时，蔡皋还完成了对木兰女性身份的新发现，她强调：“《花木兰》是女性意识高扬的故事，它讲的是一种大爱精神。由爱自己的父母，到爱自己的国家和平凡朴素的生活。它强调的是女性的社会担当。”[1]木兰是民族英雄，同样是平凡质朴的民间女子，绘本的封面是木兰戎装铠甲、策马奔驰，封底则是木兰一身粉白色裙装，拿着针刺绣，木兰能上阵杀敌，也可以纺纱织布，她英勇无畏，同样没丢失自己作为女性温柔娴静的一面。

2017 年上海人民美术出版社重新出版了《中国经典故事绘本系列》，其中收录的《花木兰》由旅法绘本画家、漫画家、动画导演蔡峰绘制。绘本开篇这样描述木兰：“花木兰不仅会做很多家务，她还会织布。更厉害的是，木兰非常善于骑马和射箭。”[2]这样的介绍词在此前的木兰文本中出现过很多遍，似乎已经形成了一种约定俗成的惯例，不同的是，《花木兰》用一句“周围的人常常夸她了不起”肯定了木兰学习骑马、射箭的行为。随着社会进步，女性不再被禁止学习从前专属于男

1 蔡皋：《我的民间独白》，《创作与评论》，2013 年第 10 期。

2 蔡峰：《花木兰》，上海：上海人民美术出版社，2017 年。文中《花木兰》原文引用均出于此，后不再赘述。

性的技能，如果女性在这些方面取得成就，不仅不会被批判，还会获得赞许。先前木兰文本中，花父花母在得知木兰想要替父出征时，或是质疑她的能力，或是担忧她会暴露女性身份，总之要进行一番劝阻。但在现代社会，“男女平等”已成为共识，虽然现实中仍存在“重男轻女”“男尊女卑”的现象，但在儿童文学领域，应当为儿童树立正确的两性价值观，营造真善美的精神世界。所以《花木兰》回避了这种冲突，创作者将情节设置为木兰偷偷换上男装，悄悄留下一封家书，在屋外拜别父母，从而淡化了替父出征所引起的家庭矛盾。这一情节与美国迪士尼公司 1998 年出品的动画电影《花木兰》中的情节类似，都是木兰在一个风雨交加的深夜，瞒着父母，留书出走，奔向未知的战场。作者是否受到动画电影《花木兰》的影响不好探求，然而可以确定的是，这一情节设置无疑在某种程度上弱化了父母长辈在家庭中的权威，符合现代人所追求的“民主平等”的家庭氛围。比较特殊的是，作者对“同行十二年，不知木兰是女郎”这一情节进行了更符合逻辑的重置。木兰将自己的女性身份隐瞒十二年之久无疑是件极其不可思议的事情，况且在现代，战场已不再是女性禁入的领域，木兰在行军途中暴露女性身份并非十恶不赦。因此，在《花木兰》中，木兰女扮男装代父从军的秘密逐渐被人知晓，但木兰的孝心让战友们感动，她的毅力也让人佩服，甚至连皇帝都想见见这位传奇女英雄，“身份暴露”可能会带来的毁灭性打击就这样在轻描淡写中消散了。

如果说蔡皋的作品在一定程度上强调了木兰的女性身份，那 2017 年出版的由秦文君著、郁蓉绘制的《我是花木兰》则展现了更鲜明的性别意识。秦文君在塑造木兰形象时，对木兰女性身份的强调贯穿始终。秦文君认为："性别的模糊，会给孩子的终生带来一些缺陷。"[1]她还说过："在学校里经常看到女孩子拿着东西追着男孩子跑，直到男孩子躲到男厕所为止，我始终认为，女孩子应该有女孩子的样儿，她们在内心深处应该是温柔的。"[2]所以她在展现木兰坚强独立的美好品质、凸显木兰不弱于男生的智慧与勇气时，同样反复强调其女性特质。绘本采用的是双线并行的叙述模式，以一个十来岁的现代小女孩的梦境开始，引出了在中国家喻户晓的古代英雄花木兰的故事。作品实际塑造了两个木兰形象，一个是作者在现代语境下重塑的北魏花木兰形象，一个是人送外号"花木兰"的现代小女孩形象。作品开篇便说："有一天晚上，我做了一个梦，梦见自己身披战袍，睫毛长长，发带飘逸。我将梦里的模样画了出来。是她——花木兰。"[3]现实与梦境不断交织，现实中的"我"时而与花木兰交替出场，时而与她隔着历史长河进行对话。对话部分被特地设计成拉页的形式，读者展开书页后会发现，藏在其中的是左右对称的一幅图，左边展现小女孩的梦，即北魏花木兰的经历，右边则是小女孩对木兰说的话。作者正是通过这种穿越时空的对比手法，在重述木兰故事的过程中，展现木兰的女性特征，并赋予其现代性内涵。

1 田媛：《中国未来女性的期待与塑造——秦文君小说中的女孩形象分析》，《烟台大学学报》（哲学社会科学版），2011 年第 1 期。

2 田媛：《中国未来女性的期待与塑造——秦文君小说中的女孩形象分析》，《烟台大学学报》（哲学社会科学版），2011 年第 1 期。

3 秦文君：《我是花木兰》，北京：中国少年儿童出版社，2017 年。文中绘本《我是花木兰》原文引用均出于此，后不再赘述。

故事开头写木兰跟母亲学会了织布，还常跟着父亲到村外的小河边骑马、射箭、舞刀、使枪，一点儿不比男孩差。左边写到“木兰捧起兵书，一读一下午”。右边则是“我”对木兰说的话，“我”称呼木兰为“花木兰姐姐”，通过“姐姐”这一对年长女性的称呼重申木兰的女性身份，她虽然“不比男孩儿差”，但她依旧是个女孩。之后写木兰的从军过程，左边展现“木兰和衣躺在泥地上，大地为床，天为棉被”的场景，右边则写“我”的心理活动，“如果换作我，也许，或者，难道，会不会害怕？想起爸妈会不会泪流满面？”通过“我”的话，揭示木兰的心理活动，她是勇敢坚定的战士，但在这之外，她也是个普通的女孩子，她也会想念亲人，也会在行军露宿的途中感到害怕。在战争胜利前夕，左边的图画中，木兰“从马背上栽下，手臂中了敌军的暗箭”。右侧的“我”十分担心，“花木兰姐姐，疼吗？阴险的暗箭，比打针可怕一万倍吧？”经常有儿童文本通过木兰负伤的情节展现木兰的勇敢坚强，展现战争残酷，展现和平主题，但很少有文本展现木兰负伤后的脆弱心理。在《我是花木兰》中，作者以儿童最熟悉的“打针”做类比，形象说明了木兰身受箭伤的痛苦。木兰养伤时，左侧图画中写到她“用河水当镜子，梳理长发，想念家中的牡丹花”，表现出木兰的爱美之心与女性特有的柔美姿态，通过右侧画面中“我”的一句“花木兰姐姐，你真美！”既说明木兰的外貌美，又赞叹她的心灵美。

作者并没有将身披铠甲的木兰塑造成一个绝对男性化的形象，通过时空错位的描述，在塑造身披战袍、替父抗敌、英姿飒爽的木兰形象的同时，又展现了木兰特有的女性气质。除此之外，绘本中的图画色调也十分柔和，金戈铁马的战争场面被刻画得颇为唯美，并且美得相当女性化。实际上，战争并不是作者表现的重点，歌颂女英雄也不是作者的唯一目的，作者意在借用木兰形象，展现自己期待中的中国女性形象。木兰在离家前种下了一株牡丹，等她回家后，牡丹已经长满了屋前屋后，经历十二年，牡丹从小苗长成了盛开的花丛，木兰也从懵懂的少女成长为自强向上的女性。这也是作者对当代女性的殷切期盼，她希望女孩们能像她笔下的木兰一样，既像男孩子一般独立自信、坚强勇敢，又能够承认性别差异，保持女性特有的淑女品格。

现代木兰儿童绘本在重述木兰故事时基本坚持三个方向，一是将木兰塑造成时代英雄，展现中华民族不畏强敌、敢于战斗的精神；二是削弱暴力因素，凸显和平主题；三是引领儿童树立正确的两性观，传达健康的性别理念。这是传统木兰故事的题中固有之义，同时也兼顾了儿童文学创作过程中必须遵循的儿童性、趣味性、教育性原则。这些木兰绘本选取民间传统故事，为其注入现代活力，营造出真善美的文学乐园，最终愉悦、陶冶了儿童的精神世界。

第三章

颠覆与重构

——美国木兰叙事

木兰，不仅在中国家喻户晓，更是一个全球知名的文学形象。早在 19 世纪末，木兰便通过美国作家马丁在英语世界初现形象。20 世纪 30 年代，爱国主义作家蒋希曾以木兰故事为原型编写英文剧本，欲借此呼吁美国社会支持中国的反侵略战争。1976 年，汤亭亭的《女勇士》令木兰进入美国主流社会，名声大噪。20 世纪 90 年代，在多元文化语境下出版的一系列儿童绘本进一步扩大了木兰的知名度与影响力。1998 年上映的迪士尼动画电影《花木兰》使得木兰形象与白雪公主、睡美人、灰姑娘等经典迪士尼公主形象齐名，2004 年上映的《花木兰Ⅱ》以及 2020 年上映的真人电影《花木兰》充分证明了全球读者、观众对木兰的喜爱之深，且热度经久不衰。时至今日，在诸多“最受欢迎的迪士尼动画形象排行”中，木兰仍榜上有名。这些基于木兰故事而改编的美国木兰传奇被许多学者认定为是对中国传统的文化挪用，是以东方主义的视角观照中国文化。我们必须承认，西方创作者倾向于将异质文化套在所谓“普世主义”的壳子当中，表现出文化霸权意识，对此必须予以警惕。但是，单纯用“真实的中国木兰形象”批判美国的木兰文本，难免陷入统一、静态的窠臼当中，反而使东方主义范式固化。木兰形象并非一成不变，她在中国古代文本中经历了由“人”到“神”的转变，又在现代文本中从“神”还原至“人”，这一过程本身也受到西方“人本主义”和“女性主义”思潮的影响。因而，应当充分考虑到木兰形象的混杂性和流动性，结合时代背景、社会思潮、历史阶段与东西方文化语境的差异，探析这个从千年前走来，且漂洋过海的木兰形象在美国华裔作家以及美国本土作家笔下如何被注入新的内涵，呈现出哪种崭新的样貌。

第一节 站在双重文化边缘——汤亭亭《女勇士》

汤亭亭于1976年发表的《女勇士》第一次将木兰形象带入美国主流社会，使其广为人知。《女勇士》的第二章《白虎山学道》讲述了一个想象中的木兰故事："在这个虚幻的世界里，叙述者'我'与'我'想象中的女主角'花木兰'通过叙述语言上的时态转换合二为一，于是'我'便成了'花木兰'，现实与想象发生了巧妙的重叠"[1]。七岁那年"我"在飞鸟的指引下误入丛林，偶遇一对长生不老的神仙夫妇并拜其为师。十四岁那年，"我"从神仙夫妇的水葫芦中看到我的父母将"我"嫁给了河对岸一户人家，那户人家的儿子与"我"是青梅竹马，虽然"我"在他们眼中生死未知，但他们还是要为我举行婚礼。在婚礼上，一队骑兵闯了进来，是朝廷来到"我"的家乡征兵，要求每户出一人应征。"我"的家庭必须承受这沉重的兵役，财主家却使了手段免除兵役，"我"十分愤怒，渴望回到家乡凭一身本领救亲人于水火之中，但神仙夫妇制止了"我"。因为"我"现在只有十四岁，去了也是送死，等到二十二岁，"我"长大了，武功也高了，就可以所向无敌。终于"我"学有所成，回到家乡，准备替父从军。在出征前夕，母亲把誓言和名字刻在"我"的背上，第二天"我"穿上铠甲，代替父亲成为军中一员。在从军途中，"我"英勇善战，并遇到了"我"的丈夫，

1 詹乔：《美国华裔英语叙事文本中的中国形象》，广州：暨南大学出版社，2016年，第183页。

“我”与他并肩作战，并在军中生了一个孩子。最后“我”砍下了皇帝的头，带领大家重新选出了一位农民皇帝，建立新的制度。功成身退后，“我”回到家中，杀了那个欺压乡里的财主，最后回到公婆、丈夫和儿子身边，村里人代代传颂着“我”的孝心。

《女勇士》中的木兰形象已与中国传统木兰形象大相径庭，汤亭亭只是将从母亲那儿听到的木兰故事信手拿来，作为文本的一部分拼贴进自己的作品中。除却沿用木兰故事的主脉络，她几乎颠覆了那个中国人熟知的木兰故事，采用移植变形的叙事模式，通过讲故事的方式将个体经验与中国神话传说，如“岳母刺字”“孟姜女哭长城”，以及历史故事，如“绿林好汉”“末代农民起义”，还有从父母口中听到的他们的人生经历，如“打土豪、分田地、报家仇”“娘子军”等，连同西方经典与西方神话，如“鲁滨孙漂流记”和“爱丽丝漫游仙境”，全部赋予“我”一个人身上，由此木兰形象便成为其个人欲望的表达。

《女勇士》与传统木兰故事的显著差异表现在木兰的从军动机、战后结局两方面。就从军动机而言，传统故事中木兰从军是因为“阿爷无大儿，木兰无长兄”，并且文本通过反复强调木兰替父从军的万般无奈和不得已而为之的被动性来消减木兰作为女子越出闺阁进入独属于男性领域的僭越性。然而，在《女勇士》中，木兰却是主动从军的。木兰在山中遇到一对神仙夫妇，神仙对她说：“你可以为你们村上的人报仇，你可以讨回被盗贼偷走的粮食。你的侠义行为会被汉人永远铭记在心。”[1]由此，木兰开启了修炼之旅。“为村上的人报仇”显然是属于社区或群体领袖的责任，在传统观念中往往只有男性才能获得这种政治地位。“被汉人永远铭记在心”意味着在社会公共空间获得荣誉，是一种主体意识的展现和自我价值的彰显。同时，汤亭亭还用大量篇幅描绘了木兰的习武过程，讲述了她在山间秘境间如神话一般的经历：她模仿每种动物的习性，与鹿一起奔跑，像猴子一样可以原地腾空跳起二十英尺，后来又用八年时间学成苍龙真功，终于有了下山报仇的能力。《木兰诗》中从未提到过习武这一情节，一些古代木兰文本和民间传说即便出现木兰习武情节的，也仅是简短交代，在介绍木兰的家庭状况后，继而大致说明木兰不仅会纺织，还跟着父亲学习骑马、射箭、习武、打猎等技能，借此为木兰征战沙场、建功立业设置一个合理前提，以弥补《木兰诗》因为叙事空白而产生的逻辑漏洞。在这些文本中，木兰习武是无目的的，这或许成为她日后在战场上存活甚至建功立业的基础，但她最初习武并不是有意识地为日后从军做准备。而在《女勇士》中，木兰整个习武过程具有明确的目的性，就是为了征战沙场做准备。所以，木兰回到家中后，父亲说“我应征了”，木兰却说“不，父亲，我代你出征。”[2]十五年的修炼为的便是这一刻。

就战后结局而言，传统木兰故事中，木兰从军是为了“忠孝两全”。兵役对于花家是一个巨大的负担，但面对帝王的权威，从花父到木兰都选择了默默承受，以至出现木兰女扮男装、

1 [美] 汤亭亭：《女勇士》，李剑波、陆承毅译，桂林：漓江出版社，1998 年，第 20 页。
2 [美] 汤亭亭：《女勇士》，李剑波、陆承毅译，桂林：漓江出版社，1998 年，第 31 页。

替父从军这样的结果。整个战争时期木兰一直在小心翼翼掩盖自己的女性身份，身份的暴露不仅意味着对封建王朝统治者的不恭，还意味着不洁不贞，是对封建道德伦理的不敬。战争结束后，木兰拒绝了统治者的封赏，回到家庭当中。这表现出“以功抵过”的思想，为国征战，维护统治阶级利益是“功”，女扮男装，违反性别伦理是“过”，不受封赏、回归家庭是“本分”。本质上，这还是对女性参与公共事业的否定。但《女勇士》中，木兰却对女性身份是否暴露持无所谓的态度，她虽然“穿上男装，披挂上盔甲，头发挽成男式”[1]，但却从未刻意隐瞒过女性身份。她并不认为暴露女性身份后就不能上阵杀敌、报仇雪恨了，她在军队树立的威信，在战场上立下的战功，均来源于她的能力，而不是性别。换言之，木兰刻意以女性身份进入男性领域，以此表示对传统性别规范的挑衅。故事最后，木兰不止没有“为朝廷效忠”，反而一路杀入皇宫，砍了皇帝的头，彻底颠覆了帝王势力。这也喻示对压抑人性的性别规范的反叛，体现了对自由的追求。木兰不是用来传达封建道德伦理观念的工具，而是“肩负着为华裔妇女和所有的妇女以及受压迫的人报仇申冤的使命”[2]。

木兰之所以被塑造成“女性反叛者”形象，与汤亭亭的个人经历息息相关，作者的经历是文本构成的重要因素。甚至在1976年，美国书评家协会为《女勇士》颁发“全国图书批评界”奖项时，便将其归入“非虚构小说”一类，即认为《女勇

1 [美]汤亭亭：《女勇士》，李剑波、陆承毅译，桂林：漓江出版社，1998年，第33页。
2 徐颖果：《文化政治化——美国华裔文学中的身份思考》，《西北大学学报》（哲学社会科学版），2002年第1期。

士》带有鲜明的自传性质。结合作者所处的时代语境和真实经历，很容易理解为什么木兰会以一个“离经叛道”的女性形象出现在《女勇士》中。该小说创作于20世纪70年代，正值美国第二波女权主义运动如火如荼之时。此次运动延续了发生于19世纪晚期到20世纪早期的第一波女权主义运动争取妇女平等权利，尤其是选举权的精神，并将抗议范围从妇女缺乏政治平等权利，延伸到妇女在家庭、就业和性行为方面的不平等遭遇。女权主义运动领袖贝蒂·弗里丹（Betty Friedan）1963年发表的《女性的奥秘》一文对当时妇女的普遍遭遇提出质疑，文章开篇写道当女性处理完家庭琐事，照顾好孩子，躺在丈夫身边的时候，甚至不敢默默地问自己一个问题——“这就是全部吗？”[1]她还指出，越来越少的妇女进入专业工作领域，她们被“女性化”的性别规范所驯化，并且举例：“一个女孩认为学习物理是‘不女性化’的，因此拒绝了霍普金斯大学的奖学金，选择在一家地产公司工作。”[2]在第二次世界大战结束后的15年间，女性的职业被定义为家庭主妇，其成就感源自于完美妻子与理想母亲的形象。弗里丹还以翔实的例证和数据揭露了这种社会环境和性别观念对女性的压抑，越来越多的女性陷于精神迷茫当中，甚至寻求心理医生的帮助。以弗里丹为代表的女权主义者反对家庭对妇女的束缚，主张女性进入到社会空间实现自我价值。汤亭亭的成长、创作期与第二波女权主义运动高潮时期相重合，她深受其影响，笔下的木兰也主动离

1 Friedan, Betty. The Feminine Mystique, New York: W. W. Norton & Company, 1963, p.15.

2 Friedan, Betty. The Feminine Mystique, New York: W. W. Norton & Company, 1963, p.15.

开家庭，在广阔的社会领域和外部空间从事公共活动，并渴望得到应有的认可与赞誉。

女性主义思潮对汤亭亭的认知和创作的影响不仅在于这是其所处时代的一种主导意识形态，还在于引领和推动第二波美国女权主义运动的几位领袖，如贝蒂·弗里丹（Betty Friedan）、格洛丽亚·斯泰纳姆（Gloria Steinem）、莱蒂·科坦·波格列宾（Letty Cottin Pogrebin）等都是犹太女性。尽管，犹太女权主义者更多是从普世的性别视角出发争取男女平权，但是“作为犹太人的成长经历，尤其是犹太宗教和灵性，犹太人的价值观与伦理，大屠杀，反犹主义，作为‘局外人’的感觉，犹太教文化和生活方式还是极大地影响了这些女性成为女权主义者”[1]。特别强调这些女权主义者的犹太身份是因为以一种跨文化的视角考察美国华裔和犹太裔群体的生活与实践，可以看到两个少数族裔在家庭代际之间的伦理关系、传统性别观念以及在美国的移民历史和境遇方面有许多相似之处。

美国学者朱迪斯·奥斯特（Judith Oster）在其著作《跨文化：美国华裔和犹太裔文学中的身份塑造》（*Crossing Cultures: Creating Identity in Chinese and Jewish American Literature*, 2003）中，以美国主流白人文化为参照对象，讨论了犹太裔和华裔群体的共通之处——两个少数族裔群体都有着与美国白人迥然相异的肤色和长相，有着鲜明区别于基督教文化的异教或异族文化以及自成一派的风俗习惯和传统仪式，还同样经历了

1 Antler, Joyce. “Women’s Liberation and Jewish Feminism after 1968: Multiple Pathways to Gender Equality.” American Jewish History, Vol. 102, No. 1, 2018, pp. 37–58.

来自美国多数派和主流群体的种族歧视，具体表现为反犹主义和排华主义。奥斯特还提到："我发现，在'内部群体'的反应和其他少数族裔的反应之间，美国犹太裔和华裔之间存在着一种相互认同，尽管他们的文化不同，彼此之间的看法也不同，历史传统和地理位置也不同。我在华裔学生对犹太文本的反应，以及犹太学生对汤亭亭和谭恩美等作家的反应中注意到了这一点。"[1]汤亭亭在采访中说过："我收到了很多来自女性和不同种族的人的来信。他们来自芬兰各地，还有很多犹太人，所以我知道我讲的是一个非常人性化的故事。"[2]尽管《女勇士》讲述了非常具体的美国华裔的故事，但它也唤起了许多美国少数族裔，尤其是犹太群体的共鸣。与之相对应，美国华裔作家任碧莲（Gish Jen, 1955-）也在《应许之地的梦娜》（*Mona in the Promised Land*, 1996）中写道："突然之间，中国人和犹太人多么相似啊！他们的文化如此古老，教育如此重要。"[3]美国华裔文学研究学者尹晓煌提到："华裔作家倾向于把犹太人的经历当作镜像来重新定义和比较自己的经历。"[4]从这种意义上来说，二十世纪六十至七十年代，犹太女权主义者基于传统性别伦理束缚而生发出的女权思想极为贴合汤亭亭等华裔女作家的生活经验，对其文学创作产生了重要影响，使这些华裔女作家可以通过另外一种视野冲破封建性别观念的束缚。

1 Oster, Judith. Crossing Cultures: Creating Identity in Chinese and Jewish American Literature, Columbia: University of Missouri Press, 2003, p. 5.

2 Skenazy, Paul, and Tera Martin, eds. Conversations with Maxine Hong Kingston, Jackson: University of Mississippi Press, 1998, p. 178.

3 Jen, Gish. Mona in the Promised Land, New York: Alfred A. Knopf, 1996, p. 119.

4 Yin, Xiao-huang. Chinese American Literature since the 1850s, Urbana and Chicago: University of Illinois Press, 2000, p. 190.

实际上，《女勇士》中“离经叛道”的木兰形象在华裔文学家内部与中国批评界是饱受争议的。赵健秀等人认为汤亭亭“追随传统华裔自传作家，以个人经验写作，迎合和验证美国主流文化对中国文化和华人形象的种种歪曲描述。《女勇士》对美国华裔小孩耳熟能详的真‘花木兰’故事的篡改，表明作者对中国传统文化及其华人身份的‘自我厌恶’，对中国文化‘自卑’地否定。‘花木兰’在《女勇士》中变成了‘一个白人优越论创造出的中国式女人被禁锢在丑陋的中国文化中，并成为其牺牲品。’”[1]然而，如果以美国犹太女作家的文本作为镜像，可以发现《女勇士》中的木兰是汤亭亭在性别困境和双重文化中发出的属于自己的声音。

女权主义者、美国犹太作家安妮·洛菲（Anne Roiphe, 1935-）在回忆录中记述过：“在犹太会堂的地下室中，我了解到法律是为男人制定的，女人应该照顾家庭和孩子，女孩应该聪明但不要太聪明。我发现妇女被排除在祈祷班之外……被排除在日常仪式之外，被排除在神圣义务之外，被排除在会众荣誉之外，被排除在《妥拉》的条例之外。所有关于女性对家庭重要性的论断，安息日女王[2]（Sabbath Queen）的到来，不

1 卫景宜：《中国传统文化在美国华人英语作品中的话语功能：解读〈女勇士〉—花木兰》，《中国比较文学》，1999 年第 4 期。

2 犹太传统观念认为安息日不仅是一个神圣的时间，而且是一个人格化的实体，往往被比作“女王”“王后”“新娘”。《塔木德》记载拉比查尼那会在安息日开始时将自己裹在斗篷中，并宣布：“让我们出去迎接安息日女王。” 同样，拉比扬奈会在安息日之前盛装打扮，并说：“新娘啊，进来吧。”16 世纪的安息日赞美诗《莱卡多迪》中也写过“我们欢迎安息日作为新娘和王后”。洛菲引用此典故，用以说明虽然犹太人将神圣的安息日赋予女性人格，仿佛认同了女性的地位，实际上不过是糖衣炮弹般的施舍，犹太男性最终要“迎娶”安息日，女性始终处于从属地位。

过是厌女症姜饼屋之上的糖果。在犹太会堂的地下室里，我开始对（犹太教）失去兴趣，对神学的热情转向了世俗事务。”[1] 犹太民族的性别规范产生于犹太教传统，因此洛菲察觉到宗教对女性的束缚后，选择了放弃犹太传统。

汤亭亭也对来自社区内部的性别歧视极为愤怒，她在《女勇士》中写道：

> 有时候我父母或者镇上的华裔邻居会说：“养女好比养牛鹂鸟”。
>
> 女孩就是爱使坏。唉，“养女等于白填。宁养呆鹅不养女仔”！
>
> 是我的孩子的话，我就会狠揍她一顿。不过管教女孩子也是白费功夫。“女大必为人妻”嘛。[2]

“我”的大伯每周六早晨要上街购买东西，当“我”跟姐妹们想跟去的时候，“他一听到有女孩子的声音就会转身大吼一声：‘女孩不行！’”[3] 作为第二代华人移民，汤亭亭的父辈接受的是传统的中式教育，在日后家庭生活中也以传统伦理道德来教育和约束子女。但是，与其他逆来顺受、驯服于性别规范的中国传统女性不同，汤亭亭生活在美国，又从小接受西方个人主义与女权主义思想影响，渴望反抗这种传统父权价值

1 Roiphe, Anne. Generation Without Memory: A Jewish Journey Through Christian America, New York: Summit Books, 1981, p. 22.

2 [美] 汤亭亭：《女勇士》，李剑波、陆承毅译，桂林：漓江出版社，1998 年，第 42 页。

3 [美] 汤亭亭：《女勇士》，李剑波、陆承毅译，桂林：漓江出版社，1998 年，第 43 页。

体系。她无时无刻不展现出自己对周围人所持有的女性偏见态度的厌恶与反感——在父母或者镇上的华侨邻居说："养女好比养牛鹂鸟"的时候，"我就会满地打滚，高声哭叫"。[1]在弟弟出生时，"我"对母亲发出质问："我生出来的时候，你们也用鸡蛋在我脸上滚过吗？""也给我过满月吗？""是不是也弄了那么多彩灯？""也把我的照片寄给奶奶了吗？""为什么没寄？就是因为我是女的？这就是原因？""为什么不教我学英语？""我在学校挨揍你高兴，是不是？"[2]后来在大伯的葬礼上，"我"发现自己对他的死感到高兴，这五尺高的粗野汉子终于死了。当母亲试图通过木兰故事向她灌输"孝悌思想"时，她像洛菲一样拒绝被传统道德伦理束缚。

不同的是，洛菲及其同时代的许多犹太女作家都选择了脱离犹太民族性的基础——犹太教，彻底转向美国世俗文化，抛弃自己的犹太身份。而中华文化与犹太文化虽然"在基本价值观和世界观方面，具有许多共通点"[3]，但是中华文化最突出的特点之一是源远流长、兼容并包。所以，汤亭亭从母亲的木兰故事中找到了女性做弱者之外的另一个可能，她摒弃了那些"孝悌尊卑"思想，摄取了能够满足自己批判、反抗封建伦理道德的成分。木兰故事在中国经历了一个漫长的演变过程，本身就表现出鲜明的流动性。中国作家基于自身所处的历史语境，为这个传统故事注入时代精神，美国华裔作家也可以在异质文化空间当中与木兰进行对话。正如汤亭亭在《白虎山学道》开

1 [美]汤亭亭：《女勇士》，李剑波、陆承毅译，桂林：漓江出版社，1998年，第42页。
2 [美]汤亭亭：《女勇士》，李剑波、陆承毅译，桂林：漓江出版社，1998年，第42页。
3 徐新，凌继尧主编：《犹太百科全书》，上海：人民出版社，1993年，第Ⅰ页。

篇说的那样："当我们中国姑娘听大人讲故事的时候，我们了解到长大了不过当当别人的妻子或佣人，那真是我们的失败。我们可以当巾帼英雄，女剑客。"[1]现实生活中，汤亭亭无力反抗，于是便在文字中汲取力量，在虚构的文学空间构筑自己的精神乐园。

梦境终究是梦境，"我"渴望像木兰一样做一个女中豪杰，但回归现实世界，"我"遭遇的只有挫折与无奈。叙述木兰故事时，作者在最后一段写道："他们会杀猪祭神，庆祝我的归来。就凭我背上的字，就凭我一丝不苟地实现了背上刻下的誓言，村里人对我的孝心一定会代代传颂。"[2]这无疑是作者心目中的理想结局，即凭借努力奋斗获得世人的肯定与认可。而后，叙事时空从梦境转入现实，现实中"我"的生活又是怎样的呢？紧接着上面那段，作者写道："我在美国的生活真令人失望。"[3]梦是美好的，但现实是令人厌恶的。木兰通过努力修炼，奋勇杀敌，为村里的人报了仇，她的侠义行为也被人们永远铭记。"我"生活在和平社会，不可能像木兰那样在战场上实现自我价值，于是"我"渴望在学业上有所成就，试图借此获得家人乃至整个华人社区的重视与尊重。我兴冲冲地告诉母亲："妈，我门门功课都得了A。"[4]"我"的母亲却没有我想象中那样兴奋，因为在长辈的观念中"女人不恋家"，"俗话说：'女人胳膊肘朝外拐。'也就是说，我门门功课都得A是为了给未

1 [美]汤亭亭：《女勇士》，李剑波、陆承毅译，桂林：漓江出版社，1998年，第16页。
2 [美]汤亭亭：《女勇士》，李剑波、陆承毅译，桂林：漓江出版社，1998年，第41页。
3 [美]汤亭亭：《女勇士》，李剑波、陆承毅译，桂林：漓江出版社，1998年，第41页。
4 [美]汤亭亭：《女勇士》，李剑波、陆承毅译，桂林：漓江出版社，1998年，第41页。

来的公婆家带来好处，并不是为了我父母。”[1]于是，“女勇士”的梦破碎了。

汤亭亭因为来自家庭内部和华人社区的性别歧视而“迫使自己成为地道的美国女性”[2]，但身为华人移民后代，她又常遭受种族歧视。波格列宾在讨论犹太女性在美国的地位时指出犹太女性对于犹太男性来说是女人，但对于白人女性来说，仍然是犹太人。[3]她一针见血地指出美国犹太女性面临着“双重边缘化”的困境——犹太女性在犹太群体内部处于边缘位置，犹太群体又位于美国主流生活的边缘。虽然这是以美国犹太女性群体为研究对象得出的结论，但一样适用于华裔女性，“双重边缘化”的困境也是汤亭亭生活的真实写照。《女勇士》中写道，“我”工作的那家美术用品店的老板叫“我”“黄鬼”，“我”不喜欢这个词，但也只敢小声嘟囔，没有任何反抗的能力。“我”还在一家土地开发公司干过，公司要宴请承包商、不动产经纪人和不动产专栏编辑，偏偏选了一个正在进行种族平等大会和有色人种协会组织罢工的餐馆。“‘我拒绝打这样的请柬。’我低声说”，老板听到后，靠在皮椅靠背上，开口：“你的工钱就发到这儿。”[4]以白人为尊的美国社会不会平等地接纳黄皮肤黑头发的“我”，歧视无处不在。“我”渴望唤来天剑，冲那些种族主义分子“来一下”，除此之外“我”还想报复那些莫名其妙就剥夺我们一家饭碗的家伙，要夺回在纽

1 [美] 汤亭亭：《女勇士》，李剑波、陆承毅译，桂林：漓江出版社，1998 年，第 43 页。

2 [美] 汤亭亭：《女勇士》，李剑波、陆承毅译，桂林：漓江出版社，1998 年，第 43 页。

3 Pogrebin, Letty. Deborah, Golda, and Me: Being Female and Jewish in America, New York: Crown Publishers, 1991, p. xvi.

4 [美] 汤亭亭：《女勇士》，李剑波、陆承毅译，桂林：漓江出版社，1998 年，第 45 页。

约和加利福尼亚的洗衣作坊。

这是汤亭亭的真实经历，她的父母靠洗衣作坊养家糊口，但他们的洗衣作坊却被美国人推倒改成了停车场。号称“民主平等”的美国社会并没有公平地对待这些华裔移民，他们不曾拥有任何权利，反而备受压迫，一直处于社会最底层。文章结尾写道：“我和女勇士的相同之处就在于都要把要说的话藏在背后。汉语里说‘报仇’，意思是‘告发’和‘牵连五族’，而不是非得砍脑袋挖心肝不可，需要的只是说说而已。我可是有不少话要说，有好话也有坏话，但不适宜于刻在我的皮肤上。”[1]木兰要说的话是她的仇恨，她将仇恨刻在背上，奔赴战场报仇雪恨。汤亭亭要说的话则是长久以来对种族与性别双重歧视的愤懑，她不能把这些刻在皮肤上，于是只能写在作品中，用文字报告怨恨。对汤亭亭来说，“木兰”不是一个真实的中国形象，而是根据自己的需要建构出来的，用来观照自我、理解自我的一面镜子。[2]她通过“木兰”帮助自己，也帮助华裔女性移民群体打破沉默。就这样，叙述者“我”、女英雄“木兰”、作者、作者所代表的华裔女性移民群体，这四种声音交叠重合在一起，共同发出属于底层女性的声音。

《女勇士》一经发表便赢得美国主流文坛的认可，对美国文学史，特别是美国少数族裔女性文学产生重要影响。活跃于21世纪的美国犹太女作家阿丽嘉·古德曼（Allegra Goodman，1967– ）在阐释创作理念时提到过：“我还从汤亭亭等作家的

1 [美]汤亭亭：《女勇士》，李剑波、陆承毅译，桂林：漓江出版社，1998年，第49页。
2 姜智芹：《西镜东像》，北京：中央编译出版社，2014年，第13页。

作品中获得灵感。"[1]此时的古德曼处于一个犹太人已经完成"美国化"并渴望回归"犹太性"的阶段，相较于前辈作家对犹太历史、宗教信仰以及仪式习俗等避而不谈，以讲述"普世性""世俗化"的故事来抵抗犹太传统文化对女性的压抑的做法，她及同时代的犹太作家更加期望能在创作中找回犹太身份。汤亭亭在《女勇士》中讲述中国传统文化的方式启发了她，一个成长于西方所谓"厌女症"民族文化中的女性，不必被主流话语裹挟，不必抛弃民族历史，也不必以居高临下的方式蔑视传统文化中不合时宜的部分，在宣泄完压抑已久的愤怒之后，还必须用自己的方式讲述传统，重塑传统，这也是美国少数族裔女作家在主流文化中追寻个人主体性的必然要求。从这一层面上讲，汤亭亭塑造的"离经叛道"的木兰形象具有一种超越民族、区域和时代的价值与意义。

第二节 "易装"母题的多样呈现
——美国木兰儿童绘本

20世纪90年代，美国儿童文学蓬勃发展，"90年代初，儿童图书的销售量达到了史无前例的巅峰"[2]，同时，非裔儿童文学的兴盛，极大刺激和推动了其他少数族裔包括亚裔儿童文学的发展，"飙升的图书销量与猛增的少数族裔人口以及非

1 Goodman, Allegra. "Writing with a Return Address." Who We Are: On Being (and Not Being) a Jewish American Writer, edited by Derek Rubin, New York: Schocken Books, 2005, p. 272.

2 Bader, Barbars. "Multiculturalism in the Mainstream." The Horn Book Magazine, Vol. 79, No. 3, 2003, pp. 265–291.

裔儿童文学的成功范例引发了以亚裔和拉丁裔为主的其他少数族裔人群对文学出版的兴趣。”[1]在这样的背景下，亚裔儿童文学进入了新的发展阶段，90年代后美国出版了大量中英双语儿童文学作品。这些作品大多采用图文并呈的绘本形式，以中国传统民间故事为取材对象。其中根据木兰故事衍生而出的儿童绘本数量甚多，不仅传播范围广，影响力也很大。在迪士尼动画电影《花木兰》（*Mulan*）上映之前，绘本一直是木兰故事在美传播的重要途径。目前，市面上能够搜寻到的比较有代表性的美国木兰儿童绘本有六部，分别是珍妮·李的《木兰歌》，张颂南的《木兰诗》，陈建文的《巾帼英雄花木兰》，姜巍、姜成安的《花木兰的故事——中国古代女英雄》，易钢、郭晓的《花木兰的故事》以及罗伯特·圣苏西的《花木兰》。

在拥有不同人生经历、文化背景、价值理念的作者笔下，木兰故事必定呈现出不同特质。但不论这些作家怎样重述木兰故事，重塑人物形象，几乎所有儿童绘本都有一个共同主题即木兰的“易装”。木兰的“易装”不仅是服饰的改变，而且意味着性别的转换甚至颠覆。因此在研究木兰绘本如何表现易装主题时，我们首先要搞清楚，性别是如何定义的，服饰与性别身份又有着怎样的联系。

建构主义者将性别分为自然（生理）性别和社会（文化）性别，他们认为“两性的差异并不是自然形成的，它体现了社会机制对两性的限制与规范……自然（生理）性别是生物性的，

1 Bader, Barbars. “Multiculturalism in the Mainstream.” The Horn Book Magazine, Vol. 79, No. 3, 2003, pp. 265–291.

而社会（文化）性别是建构性的。”[1]朱迪斯·巴特勒曾在《性别麻烦》一书中指出“虽然生理性别在生物学意义上是不可改变的，但社会性别却是文化的、可建构的。因此，社会性别与生理性别构不成因果关系，社会性别并不是生理性别的一个结果，同时，社会性别看上去也不像生理性别那样稳定……社会性别成了生理性别的多元体现，并在一定程度上挑战了主体的统一性”。[2]关于如何认定社会性别身份，巴特勒提出了性别操演理论：“我们所认为的性别的内在本质，是通过一套持续的行为生产、制造出来的，是通过对身体进行性别定型而稳定下来的。”[3]换句话说，生理性别为男 / 女并不能决定社会性别为男 / 女，社会性别是建构的、不稳定的，主体的生理性别与社会性别未必是统一的。传统社会秩序规定了两性的价值与能力，决定了两性的活动范围与社会角色，而“一个社会中的人觉得最舒服的方式是复制他们所熟悉的秩序”，[4]因此人们通过不断地重复社会秩序为两性设定的程式化规范，进一步加深社会性别差异。

男女穿着不同服饰本身就是一种对身体进行性别定型的行为，这种行为被不断重复，服饰在某种程度上便成了重要的性别表征，在性别建构过程中发挥着重要作用。“服饰既是对身

1 Sarvis, Josephine T. Gender Roles in Children’s Literature: An Historical Perspective, 1970–2003, PhD Dissertation, Loyola University Chicago, 2004, p.18.

2 Butler, Judith. Gender Trouble–Feminism and the Subversion of Identity, Taylor & Francis e–Library, 2002, p. 9.

3 Butler, Judith. Gender Trouble–Feminism and the Subversion of Identity, Taylor & Francis e–Library, 2002, p. xv.

4 Sarvis, Josephine T. Gender Roles in Children’s Literature: An Historical Perspective, 1970–2003, PhD Dissertation, Loyola University Chicago, 2004, p.18.

体的修饰，也是对身体的延展”，[1]如果身体象征生理性别，服饰象征社会性别，那女性着女装或男性着男装代表着生理性别与社会性别的统一，此时他们必须遵守传统的性别秩序，其行为必须符合社会为其制定的规范与要求，不能越雷池一步。但正如巴特勒所言，性别身份是被建构的，是操演的、不稳定的。“易装”，不论是“女扮男装”或者“男扮女装”，都意味着生理性别与社会性别的错位，意味着看似稳定的性别结构的异变，也揭示了性别结构的无常性与脆弱性，服饰的转换带来人们对性别身份认知的转换。

珍妮·李的《木兰歌》、张颂南的《木兰诗》、陈建文的《巾帼英雄花木兰》采取了一种“空间割裂”的表现方式，将木兰的英雄气概与女性气质彻底隔离开。这三部作品在正文开篇描绘了《木兰诗》中“唧唧复唧唧，木兰当户织”的情景，展现了木兰的女性生活。此时，木兰的活动空间被设置在家庭内部——闺房、客厅或是庭院内，周围的布景是木质门窗、鲜花绿植、五彩丝线、织布机等与传统女性形象联系在一起的符号。她穿着女性服饰，衣服线条柔和飘逸，颜色以浅粉、天蓝、水红、黛紫、杏黄为主，活泼明丽，头发也被精心地编成辫子，昭示着她的女性身份。当木兰完成易装，以男性形象出现，彻底成为一名文化意义上的男性后，她所处的空间也相应地发生了变化，从家庭内部移到了外部社会，背景从狭小的卧房、庭院变为连绵的山脉、川流不息的河水，景别从之前的近景、中

1 Eicher, Joanne. “Dress and Identity.” Clothing and Textiles Research Journal, Vol. 10, No. 4, 1992, pp.1–8.

景转到全景或开阔的大远景，图片的色彩明度下降、灰调增强，周围布景则是错落的帐篷、挥舞的战旗、高耸的城墙等与男性特征息息相关的符号。此时，木兰身披铠甲、骑着战马、手拿武器，标志着女性身份的长发被束在头盔内，彻底转换为男性形象。这种设定将女性空间与男性空间清晰地分割开，女性木兰与男性木兰彻底分裂成两部分。“于是，在木兰那里，男装从军与女装闺阁，便成为清晰分立的两个世界、两种时空。东阁之门，清晰地划开男性的社会舞台与女性的家庭内景。”[1] 从本质上讲，这符合“夫受命于朝，妻受命于家”[2]的传统性别秩序，同样符合儿童绘本展现男性“聪明勇敢”、女性“细腻温柔”的传统。绘本结尾还强调了木兰向女性身份的回归，在木兰完成“为父尽孝、为国尽忠”的使命后，她便恢复了女儿身。此时的场景又回到了开头处，空间从外转向内，画面色彩明度增加，甚至在《木兰诗》与《巾帼英雄花木兰》中，木兰最后换上的女性服饰比之开篇穿着的更加华丽，颜色也更加鲜艳，女性身份更加突出。这标志着一切“越轨”行为最终回到了“正轨”，最大程度地减少了木兰性别“越轨”行为的颠覆性，延续了《木兰诗》传达的传统性别理念。

而姜巍、姜成安的《花木兰的故事——中国古代女英雄》，易钢、郭晓的《花木兰的故事》则采取了一种“空间融合”策略，试图将木兰身上的英雄气概与女性气质进行结合。这两部作品的创作者均为木兰日后成功征战沙场寻求合理性，《花木

1 戴锦华：《昨日之岛》，北京：北京大学出版社，2015 年，第 91 页。
2 戴锦华：《浮出历史地表》，北京：中国人民大学出版社，2004 年，第 6 页。

兰的故事——中国古代女英雄》在开篇写道："花木兰自幼跟着父亲习武健身，练就一身好武艺，刀枪棍棒，样样皆通，骑马射箭，百发百中"[1]。《花木兰的故事》也在开头点明"她从小就十分聪明伶俐，跟母亲学习纺织、刺绣，也经常跟着父亲练习骑马、射箭"[2]，文字旁边还配有木兰练武的插图。刀枪、长矛为代表的男性元素第一次出现在女性空间，并且木兰既擅长"纺织、刺绣"等女性工作，也擅长"骑马、射箭"等男性技能，这为木兰的英雄气概与女性气质的结合提供了一种可能性。在之前三部作品中，当木兰"易装"完成，进入男性空间时，她与女性空间的联系是割裂的，她完全是以一个男性形象出现的，她与其他士兵在装扮上不论衣服样式还是风格色调都是统一的。而在《花木兰的故事——中国古代女英雄》中，虽然木兰仍是男性装扮，但她穿的是红色衣服、束的是暖黄色铠甲、披的是粉色披风，与周围一众身穿冷灰、淡棕色作战服的士兵形成鲜明对比。在《花木兰的故事》中，木兰更是以女性形象在以战场为代表的男性空间中出现过两次。这样，男性空间与女性空间便不再是割裂的，二者在一定程度上是融合的、错位的，男性的刚强与女性的柔软融为一体。如果说之前三部作品中两性空间的彻底割裂恪守了传统性别秩序，这两部作品则通过两性空间的部分重叠挑战了传统伦理价值对两性角色的定位。即便这种挑战是隐蔽的，即便木兰最终还是要换回女装、

1 Jiang, Wei, and Jiang Cheng-An. The Legend of Mu Lan: A Heroine of Ancient China, Monterey: Victory Press, 1992. 因是绘本，原作中没有标页码，其他绘本亦如此。以下出自儿童绘本的引文均无页码，不再一一说明。

2 Yi, Gang, and Guo Xiao. The Story of Mulan: The Daughter and the Warrior, Texas: U.S. Sunny Publishing, 2007.

回归家庭，但这毕竟是一次“越轨”，是一次对传统性别结构的颠覆。

以上五部木兰儿童绘本的作者均为华裔作家，由于华裔作家生长于双重文化语境中，既受中国传统道德伦理观影响，又接受美国文化价值观的熏陶，这使得他们笔下的木兰形象往往具有一定的复杂性。受作者个人经历影响，这些木兰形象或是完全传承中国传统性别观，如珍妮·李的《木兰歌》、张颂南的《木兰诗》、陈建文的《巾帼英雄花木兰》；或是体现出一定的西方个人主义与女性主义特质，如姜巍、姜成安的《花木兰的故事——中国古代女英雄》，易钢、郭晓的《花木兰的故事》。然而无论其性别观如何变化，在这五部作品中，木兰易装从军的原因始终被设置成“为父尽孝”，中国传统的家国本位观深深地影响着华裔作家笔下木兰形象的塑造。尽管《花木兰的故事——中国古代女英雄》与《花木兰的故事》在开篇插入了《木兰诗》中没有提到过的序曲，即木兰自幼习武，练就一身好武艺，但这只是为木兰日后能够取得巨大的军事成就提供一个合理化解释，这也是很多读者曾经提出过的疑问——为何木兰这样一个闺阁女子能如此顺利地融入军队，甚至征战沙场。依照传统性别秩序为女性设立的规范来看，女性习武、骑马、射箭显然是不被允许的，男性因素出现在女性空间也被认为是一种“越轨”行为。但这两部作品中木兰骑马、射箭的技能是由父亲教授的，她的这种习武行为是被允许或者说是被默认的，这在一定程度上弱化了两性角色间的职责冲突，使读者明确之所以添加“木兰自幼习武”这个序曲，不过是为木兰日后取得巨大军事成就进行合理铺垫。

由美国本土作家罗伯特·圣苏西创作的纯英文读本《花木兰》则与华裔作家创作的木兰儿童绘本不同，受西方个人主义与女性主义影响，他创作的这部《花木兰》较之前几部更具有颠覆性，木兰身上的英雄气概与女性气质的融合也更为明显。如果说《花木兰的故事——中国古代女英雄》与《花木兰的故事》为木兰的英雄气概与女性气质的结合提供了一种可能性，那么《花木兰》无疑将这种可能性变为现实。文中通过一位老兵的话点明木兰身上的双性特质："你之所以如此卓越是因为男性力量与女性气质在你身上达到了完美的平衡，一个好的剑客既要有女子的冷静，也要像老虎那样充满力量、快速敏捷。"作者在后记中说道："我想木兰很可能是以越女为榜样……越女是一名卓越的、自学成才的女剑客，她身上融汇了阴（女性的，被动的）和阳（男性的，主动的）两种能量：表面是冷静的，但内心却时刻准备着行动。"[1]这种阴阳结合的木兰形象并不是罗伯特·圣苏西的首创，她第一次出现是在汤亭亭的《女勇士》中，被阐释为双性同体的象征，是对性别二元对立的消解。在罗氏的《花木兰》中，性别界限被进一步模糊化，木兰的易装不再是一种单向彻底的女变男过程，而是成为一个双向混合的男女互融过程，传统性别秩序受到了严重挑战。

在这部作品中，木兰的从军动机也有了颠覆性改变，木兰一直想像越女一样成为一名女剑士，在姐姐告诫她女性不参与

1 San Souci, Robert. D. Fa Mulan: The Story of a Woman Warrior, New York: Hyperion Books for Children, 1998.

战争时，她反驳道："战争可能会降临到我身上……鞑靼人越过了北部边界，烧掉了许多城镇"[1]，可见木兰十分了解当时的战况，而且有一腔爱国热情，渴望通过行动保家卫国。"爱国"的活动范围在社会外部，这一向是独属于男性的活动空间，但木兰还是女儿身时便试图从"家庭内部"走出，走进男性世界。这体现了木兰的主体性与自我意识，甚至"阿爷无大儿，木兰无长兄，愿为市鞍马，从此替爷征"成为一个绝佳的契机，使得木兰拥有了一个"易装从军"的机会去实现自己的理想抱负，这无疑闪烁着典型的西方个人主义与英雄主义色彩。

第三节 美国化的东方公主
——迪士尼动画电影《花木兰》

汤亭亭的《女勇士》使木兰形象进入美国主流社会，一系列木兰儿童绘本的出版进一步扩大了木兰的知名度，但真正让木兰家喻户晓、风靡全球的是 1998 年上映的迪士尼动画电影《花木兰》。这是迪士尼第一次采用中国传统故事作为电影题材，为了更好地把握东方元素，迪士尼聘请了大量来自中国、日本以及菲律宾的文学家、艺术家参与影片制作，动用了 700 位画师，耗时五年，打造完成了这一工业精品。全片在灵动飘逸的水墨点染与充满东方风情的古典乐曲中拉开序幕：单于率领匈奴大军攻打中原，危难之际，皇帝在全国范围内征兵，要求每

1 San Souci, Robert. D. Fa Mulan: The Story of a Woman Warrior, New York: Hyperion Books for Children, 1998.

家每户出一名壮丁入伍。木兰是独生女，家里有祖母、母亲和父亲，能够上场作战的人只有上了年纪且身体微恙的花父。木兰万分担忧，害怕父亲一去不回，为了保住父亲的性命，她毅然剪掉长发，换上男装，骑着战马，在夜里偷偷离开，代替父亲奔赴军营。这一举动惊动了祠堂里的花家先祖，他们半夜显灵，决定召唤神龙去保护木兰。叫醒神龙的任务落在了木须身上，木须是一条渴望晋升至守护神行列但因实力不足经常被花家祖先嘲笑的小龙，它愤愤不平地去叫醒神龙，却不小心弄碎了神龙雕像，搞砸了任务。为了不被祖先们踢出祠堂，它偷偷隐瞒下这件事情，决定自己去追赶木兰，淘气自负的木须和懵懵懂懂的木兰搞出了一系列啼笑皆非的事情。初到军营，木兰化名花平与战友们开始了艰苦的军事训练。开始，木兰很难跟上进度，完不成校尉交代下来的训练任务，但她不屈不挠，凭借努力和毅力逐渐成为士兵中最出色的那一个，成功得到了校尉李翔的认可。完成训练后，李翔带领士兵们去支援大部队，行至半路发现先头部队被匈奴残杀殆尽，目之所及已是满目疮痍。他们连忙赶往京城，走了没多久便遭到匈奴埋伏，危难之际，木兰制造了一场雪崩，汹涌而来的大雪不仅把匈奴士兵埋了起来，也给木兰等人带来了危险。由于躲避不及，李翔险些掉下悬崖，木兰不顾性命冲下山崖抓住了他，在其他士兵的帮助下，两人脱离险境。不幸的是，在战斗过程中，木兰身负重伤，军医为她诊治时发现了她的女性身份，并将此事禀告给李翔。监军的宰相力主杀掉木兰，但李翔却下不去手，最终因为木兰救了他，“一命换一命”而放过了木兰，只是将她逐出队伍。木兰垂头丧气地走在回家的路上，无意间发现单于和部分匈奴士兵还活着，并且准备前往京城刺杀皇帝。她急忙调头赶往京城，机智地救下了皇帝，并且同战友一起消灭了敌军。为奖励木兰，皇帝想要封她为宰相，但木兰最终没有接受官爵，而是带着皇帝赐下的荣誉，回到了亲人身边。对她抱有思慕之情的李翔追随她的脚步而来，自此木兰在感情上也获得了圆满结局。

从影像风格来看，《花木兰》颇具东方特色。“迪斯尼公司为了使影片具有鲜明的东方风情，特别派出一组创作人员赴中国大陆进行实地考察和研究。他们足迹遍及北京、大同、西安、洛阳、敦煌等文化名城。此外，几百名迪斯尼动画师不惜耗费时间，学习中国传统艺术所讲究的凝练传神的艺术风格和平衡和谐的艺术哲学，琢磨模仿中国国画的画风和手法。”[1]影片确实无处不渗透着东方风味，红色护城墙、明黄色龙袍、乾坤八卦镜、中国红灯笼、以唐三彩为原型设计的战马、以兵马俑为原型设计的士兵形象，以及祖宗崇拜、守护神龙、祠堂、媒婆等中国元素的加入，都使得电影充满了东方情调。但抛开这些充满东方意蕴的影像画面，探寻故事的本质，会发现迪士尼不过是借用中国木兰故事传达美国价值观，用美国主流文化中的英雄主义、个人主义、女性主义置换了中国木兰故事中蕴含的“忠孝”精神和中国传统文化底蕴。

在迪士尼版《花木兰》中，木兰被塑造成平民女英雄形象——一个邻家女孩，凭借自己的勇敢与才能，通过不懈努力

1 张启龙、徐哲：《解构“大历史观”视阈下的民族性文化符号——以“木兰”母题为例》，《巢湖学院学报》，2013 年第 4 期。

与奋斗，拯救国家于危难之中，最终赢得众人尊敬。这是典型的美国英雄形象，木兰从一个普通的乡村少女成长为万人景仰的女英雄，她的蜕变之旅就是“美国梦”的实现过程。提起美国的主流价值观，就不得不提到“美国梦”这一概念。美国作家托马斯·沃尔夫曾经这样解释他所认为的“美国梦”：“任何人，不管他出身如何，也不管他有什么样的社会地位，更不管他有何种得天独厚的机遇……他有权生存，有权工作，有权依靠自己先天和后天条件成为自己想成为的人。”[1]木兰的成功之旅无疑完美地诠释了所谓“美国梦”的这一重要特征，展现了阶层流动的顺畅性。好莱坞十分擅长塑造这样的平民英雄形象，比如《风雨哈佛路》中，女主角生于贫民窟，为了改变命运，她一边打工一边上学，凭着自身的努力，以优异的成绩申请到奖学金，最终成功从哈佛毕业。再比如《当幸福来敲门中》中，男主角濒临破产，妻子抛夫弃子，离家而去，但他吃苦耐劳、永不言弃，最终成为知名的金融投资家。诸如此类人物形象在好莱坞电影中十分常见，本质上木兰的成功经历与这些主人公的成功经历并无不同：同样是芸芸众生中平凡的一员，同样通过个人奋斗从低谷中走出，最终走向成功的终点站。这些影片包括《花木兰》在内，展现的都是矢志不渝、勇往直前这一永恒的励志主题以及平凡人通过不平凡的努力成长为平民英雄这一过程。《花木兰》可以说是平凡女孩的逆袭之旅，从开始的相亲失败而让整个家族蒙羞，到最后单枪匹马拯救国家于水火之中，甚至皇帝还要封她为宰相，虽然木兰最后没有接

1 孙怀玉：《走下巅峰的美国》，武汉：武汉出版社，2016 年，第 160 页。

受官爵，但这展示了一种阶层正向流动的可能性以及乐观的阶层流动意识。影片就是通过这样的方式，向美国人民甚至全世界宣扬所谓的“美国梦”。

在迪士尼版《花木兰》中，木兰是典型的美国式平民女英雄形象，具有浓厚的英雄主义色彩，而美国英雄主义的一大特点就是以个体自我为中心，即个人式英雄。集体主义与个人主义，可以说是中美文化的重大差异所在。在东方木兰文本中，木兰从军一是为家庭，二是为国家，传统观念认为家庭是社会最小的集体单位，家庭成员应当齐心协力，每个人都该为家族做贡献，而“国家兴亡匹夫有责”的集体意识也一直烙印在中华民族的灵魂深处，个人荣辱与国家兴衰脱离不了关系，关键时刻木兰可以为了家国牺牲自己的幸福甚至是生命。在迪士尼版《花木兰》中，木兰走的却是个人式的成功道路，这是所谓“美国梦”典型的外在表现形式。从表面看，木兰从军是为了保护年迈体弱的父亲，这看似与东方木兰的从军原因别无二致。但在此之前，电影先安排了一段相亲情节，媒婆依照中国传统标准考验女孩子们的妇德、妇言、妇容、妇功，成绩优异的女孩有机会嫁一个好人家，可以为家族争取荣光。但木兰从小便活泼调皮甚至有点莽撞，自然没能通过媒婆的考验，甚至搞砸了一切。听到媒婆说“你只是看起来像个新娘，可你永远不会为你们家族争光”，木兰灰心丧气地低下了头。木兰无法通过以媒婆为代表的传统性别规范的考验，她想要证明自己的价值，便只能选择另外的方式。朝廷的征兵令无疑为她提供了另外一种可能，替父从军、建功立业或许会成为她实现人生理想的新途径。这一从军动机在之后的影片中得到了证实，木兰被发现女性身份后，沮丧地走在回家路上，她后悔“也许我不该离家的”。木须安慰她：“你是为了救老父亲一命。”木兰却说出了自己的心声：“也许我不是为了我父亲，也许我只想证明自己的能力。当我揽镜自照时，看到的是一个有价值的人。”木兰从军是为了家庭，更是为了自己，这显然属于个人英雄主义范畴，而之后的整个从军及战斗过程将这种个人英雄主义展现得淋漓尽致。影片开始就通过皇帝的话点明了全片要传达的核心价值理念:“小兵也会立大功,有时候一个人就是胜败关键。”毫无疑问，木兰就是这个关键。中国的木兰文本也会通过战争情节凸显木兰的机智勇敢，让木兰发挥关键作用，但在表现作战场面时，往往展现的是两军对垒场景，并不特别强调木兰的重要性，战争胜利永远是属于集体的胜利。在迪士尼动画电影《花木兰》中，木兰却成了可以凭一已之力改变战局甚至拯救万民的超级英雄。与匈奴对战时，李翔带领的军队已经到了山穷水尽的程度，是木兰机智地用火炮炸掉了远方的雪山，制造了雪崩，活埋匈奴士兵，让军队取得了胜利。在匈奴士兵潜伏进皇宫挟持了皇帝后，也是木兰灵机一动，带着战友们化装成女人沿着柱子偷偷爬进皇宫。最后，还是木兰利用远处的烟花台，和木须配合，杀死单于，救了皇帝。木兰在战局中不只发挥着关键性作用，甚至发挥着决定性作用，她凭借自己的智慧与勇气，将险境一一化解，拯救了国家也成就了自我。木兰被塑造成一个“superwoman”形象,这个形象与好莱坞产出的超人、蜘蛛侠、蝙蝠侠等超级英雄形象在本质上并无不同，他们都是个人式英雄，他们的成功不依赖任何阶层也不借助他人的力量，而是通过个人奋斗张扬自我价值，实现英雄之梦。

这位“美国木兰”初登银幕便俘获了美国观众的心，充满中国古典韵味的影像画面为美国观众带来了不同以往的审美体验，影片内含的“美国梦”精神又与美国观众长久以来形成的价值体系相契合，在保留中国文化的历史性、传奇性、神秘性的同时，生动地展现了美国主流文化，最终完成了票房、口碑的双丰收。作为迪士尼公主系列的一部分，影片上映后，木兰在美国成为与白雪公主、灰姑娘、爱丽儿、贝儿、茉莉、宝嘉康蒂等齐名的迪士尼公主。“相比于其他公主形象，评论家和观众，尤其是女性观众群体对木兰更加赞赏，因为《花木兰》是屈指可数的，能够为年轻的女孩儿们树立积极向上的形象示范作用的几部 G 级电影之一。”[1]电影确实展现出了鲜明的女性意识，木兰相亲失败后，对着水中自己的倒影陷入了内心挣扎：“看看我，我不能成为好新娘，甚至不是好女儿，难道我并不是为了扮演这些角色？我知道，如果我再执意做自己，我会让家人伤心。”而后，又不禁发出疑问：“我见到的那个女孩是谁，为何两眼直直地望着我，何时我的倒影才能显示出真正的自我？”可见，从一开始，木兰从军的目的就不只是为家庭奉献，更重要的是实现自我价值。行军途中，战友们谈论起各自喜欢什么样的女孩，木兰唱出自己的心声：“我喜欢她聪明有智慧，还有自己的主张。”这无疑背离了传统性别理念，但却十分符合现代女性意识。木兰女性身份暴露后，无意间得

1 滑明达：《解码美国电影》，北京：旅游教育出版社，2014 年，第 317 页。

知匈奴的阴谋，她来到京城，试图说服战友们加强防范，但却没有人相信她，她质问道："你说你相信花平，为什么不能相信木兰？"这是对战友的质问，同样也是对社会上存在的性别不平等观念的质疑。木兰载誉而归的结局则肯定了女性的个人价值，凸显了寻找自我的主题。不少女权主义者对这部电影推崇备至，认为其成功诠释了现代女性主义理念。然而，仔细梳理全片会发现，即便将木兰换个性别，整个故事依旧成立。《花木兰》与迪士尼其他以男性为主角的英雄影片，如《狮子王》《人猿泰山》《大力士》等，走的是同一条成功之路，即初遇挫折——经历成长——再遇挫折——峰回路转——英雄归来。经过几十年的发展，迪士尼早已形成了独属于自己的一套类型化拍摄模式，木兰不过是这套模式下的程式化产物。更重要的是，迪士尼毕竟是以商业盈利为目的的电影制作公司，与其说它是有意识地拍摄一部女性主义影片，不如说是为迎合女性观众发展变化的口味。毕竟到20世纪末，西方世界经历了三次女性主义发展浪潮，虽然某些女性主义学说被诟病过于激进，但"性别平等""肯定女性价值"等现代女性主义理念已深入人心，女性观众对迪士尼公主的要求也从"传统女性"向"新女性"发展。迪士尼成功利用这部影片，既讨好了女性观众这一公主系列电影的主要受众群体，又避免了过于激进的女性主义主题可能会引发的争议，用符合人们基本价值观的"寻找自我"主题征服了美国观众。

这部备受美国人喜爱的《花木兰》在中国初上映时，招来了诸多批评之声，大部分中国观众对这位"外中内洋"的木兰都不太买账，不少学者认为这部电影不过是借用异质文化的壳子传递美国的文化价值理念，是美国文化霸权行为的一部分。迪士尼篡改了木兰故事，将其从原初母题文化语境中抽离，放置到美国文化的框架中，以此建构出符合美国人口味的文化产品。实际上，中国文化相对于美国人来说是一种“他者文化”，迪士尼不可能也无法原汁原味地呈现一个完全东方式的木兰故事。不只《花木兰》，主人公为印第安人的《风中奇缘》以及主人公为阿拉伯人的《阿拉丁》都免不了要被迪士尼套进美国文化的框架中，迪士尼版的中国公主木兰与印第安公主宝嘉康蒂和阿拉丁公主茉莉一样，最终都变成了“美国公主”。

第四章

木兰形象的时空位移

木兰，这位从《木兰诗》中走出的女英雄，不只是古代文人学者言说的对象，同样也是现代作家们关注的焦点。从古代到现代，从东方到西方，根据木兰故事衍生而出的文学作品不胜枚举。木兰形象也被一次次重新解读，不同时代、不同国家、不同性别的作者赋予其不同内涵。在时空位移的过程中，以时间为维度，古代木兰文本、战时木兰文本、新时期以来的木兰文本中的木兰形象既有一脉相承的部分，又有随历史语境变化而重新演绎的部分。同时，以 20 世纪 70 年代全球化进程的起始阶段为界限，以空间为维度，处于同一时代语境下，但拥有不同历史文化传统的中美木兰文本中的木兰形象表现出一定的差异性，又因全球化浪潮与中美文化的碰撞、交流，而表现出一定的融合性。这种时空位移趋势鲜明地表现在“忠”“孝”主题的流传变异以及木兰面临的表现形式不同但本质相通的女性困境上。

第一节　“忠”“孝”主题的流传变异

木兰不只在中国家喻户晓，随着美国迪士尼动画电影《花木兰》的上映，更是蜚声国际。这个人物身上不仅展现出符合中华民族审美心理的内在动力，更具有某种基本价值，符合人类基本伦理观，成为备受东西方读者、观众喜爱的人物形象。在一千多年的发展演变过程中，木兰形象经历了不同的艺术表现形式，其内涵被不断刷新，通过不同时代背景与文化语境的再叙述，体现出不同的时代特征、文化心理与价值观念。不论木兰故事怎样改编、木兰形象如何演绎，“孝”与“忠”始终是其不变的两大主题，但随着时代变迁与空间转移，不变的主题中又包含着变化的因素。

在古代中国，木兰作为一位女性英雄之所以能够获得封建社会广泛认同并且备受封建文人推崇，皆因其“忠”“孝”品格。“百善孝为先”，孝道理念是中华民族传统价值观的核心，在儒家思想占统治地位的封建社会，“孝”更是考核官吏、选拔人才的标准。古代的“孝”强调亲子间的尊卑等级以及顺抑关系[1]，所谓“父为子纲”，“家庭义务具有绝对约束力，而且是被法律订入和规定了的”[2]，子女对父母应当单方面无条件服从。《木兰诗》中，木兰的从军动机是“阿爷无大儿，木兰无长兄，愿为市鞍马，从此替爷征”，此后的中国古代木兰文本皆延续了这一从军动机，无一例外强调木兰之所以从军是为父亲、为家庭。在封建社会，女子从军不仅不为当时的伦理观念所容，更违背法律法规，甚至会引来杀身之祸，但木兰的“孝”为她的从军行为提供了合乎封建礼法的依据。木兰义无反顾、替父从军的行为在展现孝道信念的同时，又赋予了“孝”更深层次的涵义，即无条件为家庭牺牲。

木兰以自身蕴含的“孝”在礼教森严的封建社会成为家喻户晓的女英雄，而从一开始，封建文人就在“孝”之外又赋予了她“忠”的品格。中国传统社会体制的特点是家国高度一体

1 李琬予、寇彧：《孝道信念的形成与发展：不同文化下亲子互动的视角》，《心理科学进展》，2011 年第 7 期。

2 黑格尔：《历史哲学》，王造时译，上海：上海书店出版社，2001 年，第 122 页。

化，从西周建立以血缘关系为纽带的宗法制起，政治伦理化便向社会生活各个领域不断渗透，最终形成了以伦理秩序为主体的家国同构式的政治管理体制。家庭关系是中国社会最基本的人伦关系，“中国纯粹建筑在这一种道德的结合上，国家的特性便是客观的‘家庭孝敬’。中国人把自己看作是属于他们家庭的，而同时又是国家的儿女。在家庭之内，他们不是人格，因为他们在里面生活的那个团结的单位，乃是血缘关系和天然义务。在国家之内，他们一样缺少独立的人格，因为国家内大家长的关系最为显著，皇帝犹如严父，为政府的基础，治理国家的一切部门。”[1]父子间践行孝道是天经地义，而孝道同样适用于处于拟父子关系的君臣之间，父子关系被引申到君臣关系上，“孝”被移植到“忠”上，“孝”和“忠”由此同根同源。移孝作忠、忠孝一体的伦理观“使得‘忠’在人们的心中如同‘孝’一般具有当然性和必须性，大大提高了‘忠’在伦理规范中的地位，增强了‘忠’在人们实践中的认同程度。”[2]基于此，作为儒家孝道的最佳代言人，木兰天然成为忠君信念的完美诠释者，在“父为子纲”后，紧接着传达出“君为臣纲”的价值理念。显而易见，中国古代木兰文本展现的“忠”是臣子对君主的绝对服从，要将像对父亲行孝那般对君主尽忠看作是一种天然义务，忠孝一体化的根本目的是维护封建统治者的利益。木兰全忠全孝的精神品质，是封建文人歌颂赞扬她的主要原因，也是木兰故事在封建社会得以流传的核心价值所在。

1 黑格尔：《历史哲学》，王造时译，上海：上海书店出版社，2001 年，第 122 页。

2 冷兰兰：《中国古代人伦关系与社会秩序的构建》，湖南师范大学博士学位论文，2016 年，第 95 页。

到现代中国，木兰仍以其忠孝品格发挥着榜样作用，但现代语境下，“孝”与“忠”又被赋予新的内涵。第一次鸦片战争，帝国主义列强以坚船利炮叩开中国国门。在这个过程中，封建统治者用以控制民众思想的儒家孝道信念也经历了颠覆、解体与重塑的过程。从洋务运动开始，中国走上了学习西方的道路，但洋务派倡导“中学为体，西学为用”，本质上仍坚持“道为本”，亦即坚持封建王权赖以生存的包括儒家孝道信念在内的封建思想体系。到维新运动，中国才真正进入学习西方思想制度的阶段，康有为认为子女之身并非父母所有[1]，强调子女具有自主权，这在一定程度上挑战了儒家孝道崇尚的绝对服从理念。而后，谭嗣同在《仁学》中极力批判儒家“三纲”思想，提出了更为激进的亲子平等说[2]，彻底否定传统孝本位思想的合理性。到五四时期，人权思想深入人心，进步知识分子们提出的“个人觉醒”“自由平等”等要求与儒家传统孝道信念产生了不可调和的矛盾，这导致五四巨子们掀起了轰轰烈烈的“非孝”运动，从思想层面对强调“长者本位”“子辈无违”“父系权威”“尊卑有序”的孝道信念进行了彻底批判。虽然“非孝”思潮对传统孝道的彻底否定态度过于片面，但其引起的巨大轰动使得思想界乃至民间对孝道理念进行了重新思考。五四运动后，那种以牺牲子辈尊严与利益来建立父辈权威的孝本位思想开始解体，而建立在亲缘关系之上的“人格平等”“敬老爱幼”的现代孝道观逐渐建立，现代木兰文本尤其是新时期木兰文本

1 康有为：《康有为全集》（第一集），上海：上海古籍出版社，1987 年，第 151 页。
2 谭嗣同：《谭嗣同全集增订本》，北京：中华书局，1981 年，第 348 页。

以及新世纪儿童木兰文本鲜明地体现了这种新的孝道观。在古代木兰文本中，面对木兰替父出征的提议，花父花母免不了要反对一番，理由多半是法律不允许女子从军，担心招来上位者责罚，或是怕木兰行军途中失身他人，不能守住贞节。在现代木兰文本中，花家父母对木兰的从军行为依然持反对态度，但此时的理由则变为从军凶险，担忧木兰的安全。前者从封建礼法角度反对木兰从军，更强调木兰对父亲，即下对上的无条件牺牲奉献；后者则出于亲情关怀反对木兰从军，将传统孝道的“想当然性”转换为“亲子互动”，不再是子女对父母的无条件付出，而是父母爱护子女，子女尊敬父母。

随着封建制度的瓦解，“孝”被注入现代性内涵，同样，与“孝”相伴而生的“忠”也在现代社会有了新的发展。封建王朝的覆灭导致“皇帝”“君主”彻底成为历史，所谓“忠君”思想自然也不复存在。因此，木兰身上展现的“忠”从“忠君”，即忠于封建王朝统治者、维护封建统治，变为“爱国”，集中表现为“为保卫祖国与争取祖国的独立富强而献身的奋斗精神”[1]。战时木兰文本往往将战争性质定义为反侵略战争，木兰从军是为了战胜侵略者，集中体现了反抗意识。20 世纪 30 至 40 年代，日本侵华战争使中国陷入亡国灭种的危机之中，在这种背景下，当时的文艺作品与政治话语紧密结合，承担着唤起国民爱国意识，号召全民反抗侵略的重要责任。作为当时颇具代表性的木兰文本，电影《木兰从军》的叙事重心从“孝”偏移至“忠”，不仅开创性地刻画了“每一个老百姓都应当去

1 冯契主编：《哲学大辞典》上，上海：上海辞书出版社，2001，第 23 页。

打仗”“死在战场上是要比死在家里光荣得多”的花父形象，木兰从军的原因也被置换为“一来尽孝，二来尽忠”。这种爱国意识一直延续至50年代的抗美援朝时期，京剧《木兰从军》以及豫剧《花木兰》都增添了思想动员的内容，前者设置了花父花母这一对照组，后者设置了木兰刘忠这一对照组，通过积极分子与消极分子的对比来达到号召人民抗战的目的。到了新时期，国内国际整体局势趋向和平稳定，木兰身上的反抗意识逐渐减弱，更多扮演着和平守卫者的角色，战争不再是作品关注的重点，“爱国”更大程度向保卫和平方向发展。如电影《花木兰》在传达爱国意识的同时也传达出鲜明的反战意识，儿童文本更是将和平意识提升到新的高度。

在木兰故事进入美国后，木兰所展现的“忠”“孝”品格又被赋予新的内涵。中美两国长久以来遵从的是两套迥然相异的文化价值理念，两种文化的第一次碰撞体现在汤亭亭塑造的“女勇士”木兰上。“女勇士”木兰无疑是一个矛盾复合体，她的身上既保留着传统儒家文化因素，又深受西方个人主义文化影响。《白虎山学道》一章在开篇写道：“无论谁伤害了女剑客的家庭，即便打遍天下，她也不会善罢甘休。”[1]在这里，木兰从军的原始冲动还是来源于对家庭的责任。战争结束后，木兰回到家乡，跪在公婆面前，“我要守在你们身边耕耘纺织，生儿育女”[2]，她相信：“村里人对我的孝心一定会代代传颂。”[3]在木兰心中，“孝”依旧与维护家庭利益、为家庭做贡献联系

1［美］汤亭亭：《女勇士》，李剑波、陆承毅译，桂林：漓江出版社，1998年，第16页。
2［美］汤亭亭：《女勇士》，李剑波、陆承毅译，桂林：漓江出版社，1998年，第41页。
3［美］汤亭亭：《女勇士》，李剑波、陆承毅译，桂林：漓江出版社，1998年，第41页。

在一起，可见木兰对于中国传统思想中重视家庭、看重血缘的人伦观念是认同的。但汤亭亭笔下的木兰绝不是儒家孝道模范，儒家孝道强调尊卑等级，要求子女无条件服从父母，这在从小接受西方人文主义思想熏陶的汤亭亭眼中是不可接受的。所以，木兰一开始便以叛逆者与复仇者的姿态登场，她是反叛的，在愿意为家庭付出的同时，又保留有自己独立的人格，试图打碎传统孝道信念中“男尊女卑”“尊卑有序”等思想痼疾。

这种对儒家孝道的矛盾态度同样体现在华裔作者笔下的木兰儿童绘本中，这些绘本在传承传统木兰故事展现出的孝道信念的同时，又渗透进西方人文主义思想，或多或少地剔除掉了传统孝道理念中与时代精神以及西方价值体系不符的部分。对儒家孝道信念进行彻底的美国化改写起始于罗伯特·圣苏西的《花木兰》，作为一位地道的美国作家，在他的笔下，中国人崇尚的家庭本位观被削减至最低程度，个人主义得以凸显。罗伯特·圣苏西是迪士尼动画电影《花木兰》的编剧，虽然迪士尼有自己的一套拍摄模式，但罗伯特·圣苏西对“孝”理念的解读依旧不可避免地影响着电影的主题设置。影片首先要回答的一个关键问题是：木兰为什么要从军？在中国创作者包括华裔创作者笔下，木兰的从军动机是因为她对家庭有着与生俱来、不容置疑的义务，但对于美国观众来说，他们无法理解这种情感，“制作者们认为，仅仅说木兰履行女儿的义务是不足以令那些不了解‘孝道’的观众信服的，他们苦思冥想，决定把原因定位为对父亲的爱。《花木兰》中的父女之爱亲密无间，是双向的，而不仅是孝道中强调的单方面的给予和付出。”[1]木兰因为搞砸了相亲而受到媒婆呵斥，她一个人失落地坐在花园中，此时花父不仅没有训斥她，反而宽慰她：“今年院子里花开得真好，可是你看，这朵迟了，但等到它开花的时候，一定会比其他的花更美丽。”花园谈心场景很好地诠释了这种父女之间双向的爱，此后木兰做出代父出征的抉择在美国观众眼中也就变得顺理成章了。

在现代社会，不论是中国木兰文本还是美国木兰文本，都以“爱国”精神替代了传统木兰故事中的“忠君”思想，但在不同文化语境中，“爱国”又有着不同的表现形式。现代中国木兰文本中的“爱国”永远与“民族英雄主义”联系在一起，而美国木兰文本中的“爱国”则与“个人英雄主义”紧密相连。民族英雄主义是中国集体主义的写照，中国传统价值观中，英雄的定义是为国家和集体做贡献，“‘集体本位主义’强调为群体利益而压抑个人的欲望与个性并做出自我牺牲，因此形成了‘舍己为公、理智、顺从、节欲’的英雄标准”[2]。在中国木兰文本中，木兰先国家后个人，将国家利益置于个人利益之上，她可以为国家战斗到生命的最后一刻，甚至为和平牺牲个人幸福，充分诠释了以集体意识为本位的民族英雄主义。而在美国木兰文本中，英雄的定义不再是为国牺牲，集体利益也不再凌驾于个人利益之上，保家卫国反而成为木兰实现个人价值的途径。木兰的从军动机不是履行与生俱来的家庭义务，而是

1 陈韬文：《文化移转：中国花木兰传说的美国化和全球化》，《新闻学研究》（台湾），2001 年第 66 期。

2 黄曦：《中美两部〈花木兰〉电影对比研究》，《电影文学》，2011 年第 4 期。

为寻找真正的自我，木兰不畏生死、奋勇作战，不是因为她有着为他人、集体、国家牺牲的崇高思想，而是因为在拯救国家的过程中她可以获得社会认可，并且可以实现理想、收获荣耀。

第二节 未曾走出的女性困境

在封建社会，木兰展现出的孝道信念与忠君意识成为吸引封建文人的关键因素，不同朝代的创作者又将本时代为女性设立的伦理标准施加于木兰身上，最终将其塑造成封建道德楷模。在女性主义方兴未艾的现代社会，木兰的"女英雄"身份被重新挖掘，其自身蕴含的女性自主意识被放大与彰显。自汤亭亭的《女勇士》与美国迪士尼动画电影《花木兰》为木兰形象注入了现代女性意识后，"木兰"逐渐成为现代女性的代名词，在女性解放的大背景下，她被许多女性主义者视为偶像。木兰式的成功获得了无数现代女性的赞许与认可，木兰成为她们模仿、参照的对象。不少大众流行歌曲在表达女性独立自强主题时都会借用木兰形象，更有不少女性文艺工作者在接受采访时言明自己渴望效仿木兰，走独立自强的人生道路。

然而，木兰并不是一个真正实现了女性自由解放的文学形象，不论在古代还是现代，不论在中国还是美国，木兰始终面临着至今无法走出的性别困境，或许，这也是许多现代女性们不可避免的境遇。当然，古代中国木兰文本、现代中国木兰文本以及美国木兰文本中的木兰，由于所处的历史语境与文化语境不同，所面临的女性困境的表现形式也有所不同。正如戴锦华教授说的那样："我们应该意识到，男权不平等的社会结构、权力的暴力性、权力必然不断制造偏见的特征已是我们社会的基本事实……男权存在于那里，它从来就存在于那里，今天依然存在于那里。在我们可知的将来，恐怕还将继续存在在那里。我们所需要发现的是：这一次男权获得了什么样新的表现形态？它采取了什么样的社会路径？它采取了什么样的编码系统？它又借助了怎样的经济、政治力量重新获得了它的自我显影和对社会施之于暴力的路径？ 在每个时代，在每个领域，在每个具体的例证当中，它都是不同的。"[1]

在古代中国木兰文本中，"孝本位"思想是木兰严格遵循的行动指南，"家"始终是她无法挣脱的束缚。在封建社会，不论是国家律法还是社会道德对女子的要求都甚为苛刻，木兰女扮男装的行为显然为封建礼法所不容。木兰从军十二年，以女儿身与异性士兵朝夕相处，这种逾越男女大防的行为更有亵渎封建礼教之嫌。在这种前提下，木兰不仅被封建社会正面接纳，甚至还成为封建文人们争相赞美的对象，本质原因便是她展现出了"一个女人对家、国的认同与至诚至忠"[2]。封建政治体制的最显著特征便是"家国一体"，要求民众在家庭内部维护大家长——父亲的权威，在家庭外部要服从天下之父——皇帝的命令，木兰为家庭利益而献身的更深层含义便是随时无条件为国家奉献，于是她的性别僭越行为便受到了中国传统文

1 戴锦华：《失踪的母亲：电影中父权叙述的新策略》，《海南师范大学学报》（社会科学版），2015 年第 8 期。

2 戴锦华：《涉渡之舟》，北京：北京大学出版社，2007 年，第 7 页。

化秩序的特许。

古代家庭内部的男女分工模式往往是“男耕女织”，传统妇女形象通常与“织女”画等号，《木兰诗》以形象的“唧唧复唧唧，木兰当户织”将木兰塑造成生活在封建伦理规范内的女子形象，中国古代木兰文本也无一例外延续这种设定。这样一位传统女性为何无视封建道德教化而毅然选择易装从军？皆因“阿爷无大儿，木兰无长兄”。父亲作为家庭权力的中心无力承担家庭责任，在父权衰微之际，木兰毅然挑起家庭重担。维系家庭稳定成为木兰从军的根本原因。木兰的从军行为看似是主动的，实际上却是“为了父亲”而被动从军，是一种不得已而为之的选择。当木兰从家庭中走出，走进战场，不论她是否有“为国尽忠”的意识，她都在客观上履行了这个义务，封建文人们通过“移孝为忠”，又让木兰承担起为封建王朝统治者鞠躬尽瘁、死而后已的责任。

纵观中国古代民间文学中的女英雄形象，会发现这些奇女子与木兰或多或少具有相似之处，“为家”是其行事的出发点，“为国”是其行为备受肯定的关键因素。佘太君率领的杨门女将选择挂帅出征是因为家中男儿俱亡，国家又到了危急关头，身为女人的她们不得不挺身而出。梁红玉擂鼓镇金山是为助其夫韩世忠平定战局、击退金兵；平阳公主组建“娘子军”是为助其父李渊及其夫柴绍攻克长安、建立大唐；被周总理称为“我国历史上第一位巾帼英雄”的冼夫人推行仁政是为助其担任高凉太守的丈夫冯宝统治南越、促进民族融合。可见，为“家”，不论是为“父权家庭”还是为“夫权家庭”，始终是这些女英雄的行为准则。所谓“男主外，女主内”，“家”是传统性别规范为女性设立的唯一活动范围，女性越出“家庭内部”而进入到独属于男性的“外部”，无疑是种僭越行为，既要受封建道德谴责又要受国家律法惩罚。然而，这些女英雄们越出“家庭内部”的本质原因还是为了家庭，这使其僭越行为具有了合理性。与此同时，“君为臣纲、父为子纲、夫为妻纲”是不可逆的权力等级序列，这些女英雄的僭越行为又因为直接有益于“国”，或者说在很大程度上维护了封建王朝统治者即君主的利益，不仅得到赦免，还被肯定和歌颂。

作为中国传统女英雄中颇具代表性的一员，木兰是“全忠全孝”的道德模范，“家”成为其僭越行为的保护伞。木兰身上具有的有利于维护社会稳定、有益于巩固封建政权的美好品德消解了女扮男装带来的恶劣影响，木兰无条件为“家”牺牲的精神使得女子从军这种突破男女规范的行为在封建社会被广泛接受甚至代代传颂。

古代中国木兰文本中，“为家”使木兰的僭越行为具有了一定的合理性，同样，也是她无法实现自我觉醒与真正解放的精神束缚，这是木兰在封建社会无法跨越的女性困境。那么在封建专制制度土崩瓦解，君主权威不复存在，中国传统道德伦理受到西方现代主义思潮猛烈冲击的现代社会，木兰成功挣脱开“家”的束缚而从女性困境中走出了吗？此时，“家”对于木兰来说或许不再是一种显性束缚，但在自 1840 年第一次鸦片战争到 1953 年抗美援朝战争的一百多年间，在这样的战争背景下，在战时木兰文本中，“国”取代了“家”，民族主义成为木兰的新行为准则。换句话说，木兰备受社会肯定的原因从为家奉献变成了为国牺牲，这是不是木兰所面临的新的困境？

比之古代中国“男尊女卑、等级森严”的性别秩序，现代中国的性别意识确实有所提高，“男女平等”思想在社会广泛传播，逐渐被人们认同。在维新变法时期，妇女问题就作为一个社会问题被提出，康有为、梁启超等资产阶级维新派控诉残害妇女身心健康的缠足、穿耳、守节等封建陋习，严厉谴责封建礼教对人性的扼杀，同时提出男女平等主张。辛亥革命开启了中国女性的首次觉醒，这一时期涌现出了中国第一位自觉为女性争取权利的女革命家——秋瑾，她开创的《中国女报》是中国女性刊物的先驱，此后各种妇女报刊、女性团体相继成立。五四运动则将女性解放运动推向新纪元，早期无产阶级革命者对旧式封建道德进行猛烈批判，以马克思主义妇女观为旗帜，引领中国女性踏上解放与觉醒的征程。中华人民共和国成立后，对妇女权利的保障被写进宪法，“1949 年颁布的《中国人民政治协商会议共同纲领》中规定，妇女在政治的、经济的、文化教育的、社会的生活各方面，均有与男子平等的权利。”[1] 1954 年通过的《中华人民共和国宪法》在规定公民的基本权利与义务时特别强调“妇女有同男子平等的选举权与被选举权”[2]。而后，毛泽东更是提出了“妇女能顶半边天”的口号。政府通过一系列法律制度巩固女性地位，确保“男女平等”在社会现实生活中贯彻落实。

1 顾明：《中华人民共和国法制百科全书》，长春：吉林人民出版社，1995 年，第 2141 页。
2 顾明：《中华人民共和国法制百科全书》，长春：吉林人民出版社，1995 年，第 2141 页。

在这种女性解放的背景下，战时木兰文本第一次试图通过重塑木兰形象证明“男性能做到的事情女性一样能做到”这一时代精神的真理性。战时木兰文本中，木兰的从军动机都在迫不得已之外增添了一丝积极主动的意味。电影《木兰从军》中，木兰在说服父母允许她代父从军时这样说：“爸爸从小教女儿一身武艺，留在家里也没有用处，不如替爸爸去从军，一来尽孝，二来尽忠，得胜回来让人知道，女孩子也能光大门楣。”京剧《木兰从军》中，木兰唱道：“女儿家有雄心，怀壮志，要学那缇萦救父，荀娘守城……巾帼英雄古有证，女儿我立志胜前人。”豫剧《花木兰》中更是发出了“有许多女英雄也把功劳建，为国杀敌是代代出英贤。这女子们哪一点不如儿男”的呼喊，类似这种昭示主动性与女性意识的台词在剧中比比皆是。同时，战时木兰文本还通过战争情节详细展现了木兰的智慧与勇气，在电影《木兰从军》中，木兰智斗“汉奸”军师，只身入敌营打探消息，后来更是成为元帅，统领大军取得战争胜利；在京剧《木兰从军》中，木兰通过“宿鸟惊叫，南飞离巢”判断出是敌兵偷袭，将计就计歼灭贼军；在豫剧《花木兰》中，木兰身受箭伤依然奋勇杀敌。这无不展现出木兰不仅有为国家献身的勇气，也有保家卫国的能力，一个自立自强的巾帼英雄形象脱颖而出。木兰以自身蕴含的“女性”“英雄”双重特质成了宣扬男女平等意识的绝佳载体：木兰是英雄，她的英雄行为激发了民众的报国热情；木兰又是女性，她渴望“保家卫国”的从军动机以及在军中的英勇表现无不展现了女性的自强意识。

自妇女解放运动后，中国女性地位发生了天翻地覆的变化，表现在文学领域自然是以木兰为代表的女英雄身上或多或少都增添了一丝“男女平等”“女性自强”的现代女性意识。但中国的妇女解放运动并不来自女性群体的自我意识觉醒，而来自革命者们对建立强大民族国家的渴望和憧憬，“在二十世纪中国波澜壮阔、剧目常新的宏大历史场景中，成熟、独立而具有规模的妇女解放运动，却始终未曾出演。”[1]妇女解放永远与民主革命、“人的解放”相伴而生，民主革命的最终目的是解放全中国，这自然包括解放全中国的女性，妇女解放运动因此成为中国民主革命不可或缺的一部分。相应地，强有力的民族主义话语成为妇女解放运动的最高统摄。在战时木兰文本中，民族国家对女性的召唤成为覆盖于女性家庭属性之上的权威话语，木兰被允许以一种积极主动的姿态进入独属于男性的战争领域，这意味着她展现出的男女平等意识与女性自强的精神，必须为民族战争服务，必须为建立独立强大的民族国家服务。木兰形象的塑造与民族国家意志脱离不了关系，木兰从军具有前所未有的主动性，其主动性永远与保家卫国联系在一起；木兰拥有卓绝的军事才能，其才能也始终用于为国家做贡献。

民族国家的需要将木兰托举至原本独属于男性的社会舞台，使木兰不是作为女人而是“作为战士与男人享有平等的、无差别的地位”[2]。这从某种程度上阻挡了其女性主体意识的浮现。不论是服从封建伦理教化还是反叛传统性别伦理，不论是遵从“男尊女卑”的传统等级秩序还是张扬“男女平等”的

1 戴锦华：《昨日之岛》，北京：北京大学出版社，2015 年，第 75 页。
2 戴锦华：《昨日之岛》，北京：北京大学出版社，2015 年，第 90 页。

现代性别意识，至少在1976年之前的木兰文本中，木兰始终处于“家”与“国”的重压之下无法喘息。

如果我们以1976年为界限，会发现在此之前的中国木兰文本中，国家意识形态占据着主导地位，左右着木兰形象的塑造。而1976年之后，中国的政治、经济、文化开始步入新时期，影响深远的思想解放运动席卷全国，推动着中国的现代化进程向前发展。随着多元化思潮的兴起，文学的政治色彩逐渐淡化，新时期木兰文本中，“家国本位”不再以一种显而易见的方式桎梏着木兰，木兰也不再以封建道德模范或者意识形态符号的姿态出场。

同样是在1976年，汤亭亭的《女勇士》在美出版，将木兰形象带进美国主流社会。《女勇士》不是第一部将木兰形象带入美国的文学作品，但称得上是影响最为广泛和深远的一部。实际上，“早在1881年，纽约哈珀兄弟出版社便出版了美国作家马丁（W. A. P. Martin）的《木兰——女英雄》一书，这大概是最早的《木兰诗》英译本，”[1]木兰形象也借此登陆美国。“木兰故事在美国第一次被改编是在1922年，当时纽约哥伦比亚大学的一群中国留学生上演了一场以木兰传奇为蓝本的演出。20世纪30年代，美籍华裔演员、诗人、小说家蒋希曾（H. T. Tsiang）写作、出版、制作和表演了《死光》[2]（*China Marches*

1 Dong, Lan. Mulan's legend and legacy in China and the United States, Philadelphia: Temple University Press, 2011, p. 93.

2 据赵毅衡1983发表于《读书》杂志第3期的文章《蒋希曾——一个不应被忘记的华裔作家》所记载，《死光》为作者写在书籍封面上的中文标题，与英文标题不相应。此处，笔者采用作者自取中文标题，而不使用英文直译标题。

On, 1939)。”[1]蒋希曾被誉为“第一位美华左翼作家”，创作了大量以中国革命以及美国华人革命为背景的小说、剧本。《死光》是其创作的最后一部文学作品，故事发生于1937年的上海，此时正值抗日战争时期，驻守某仓库的中国部队全军覆没，独留女战士木兰顽强抗击日本侵略者。显然，蒋希曾创作此剧的目的是“教育美国工薪阶层观众了解日本帝国主义的阴谋，并鼓励他们支持在中国奋斗的工人同胞”[2]。他把木兰故事改编成一部情节剧，于1939年至1944年在纽约和洛杉矶上演。在这部戏中，木兰始终忠于中国工人阶级的利益并努力维护社会团结。这些作品在当时确实产生了一定影响，但影响并不十分广泛，主要影响范围集中于华裔群体内部以及美国文化界进步人士之间。直到1976年《女勇士》的出版，才真正使木兰故事冲破华人圈子，进入美国主流社会视野。“它不但成了流行一时的畅销书（例如开篇首句‘你不能把我要给你讲的话，’我妈妈说，‘告诉任何人，……’已成了美国大学生的口头禅），而且在面世的当年荣获国家图书批评界非小说奖。”[3]随后，一系列木兰儿童绘本在美出版，进一步扩大了木兰故事在美国的影响力，迪士尼公司于1998年出品的动画电影《花木兰》则使木兰形象为全球观众所熟知。

对比观照1976年后在中美两国出版的木兰文本会发现，即便中美两国拥有不同的历史文化传统，但二者皆处于全球文

1 Dong, Lan. Mulan's legend and legacy in China and the United States, Philadelphia: Temple University Press, 2011, p. 93.

2 Dong, Lan. Mulan's legend and legacy in China and the United States, Philadelphia: Temple University Press, 2011, p. 93.

3 [美]汤亭亭：《女勇士》，李剑波、陆承毅译，桂林：漓江出版社，1998年，第7页。

化不断交流融合的时代语境中，此时的中美文本所呈现的木兰形象皆是中美文化碰撞、交流、沟通、融合的产物。尤其是蓬勃发展于美国的女性主义被介绍到中国后，给中国社会和中国文学带来了巨大冲击，作为一部以女性英雄为主角的文学作品，女性主义思潮必然给木兰故事的改编以及木兰形象的重塑带来一定影响。在新时期以来的木兰文本中，木兰成为了活生生的人，更具体地说，是女人，其性别特征得以凸显。而在女性主义深入人心的美国，这种影响更加突出，汤亭亭的《女勇士》便是在美国女性主义运动高涨时期创作完成的，传达出鲜明的现代女性意识，迪士尼动画电影《花木兰》中的木兰形象更是被全球观众视为“新女性”的代表。女性主义从社会思潮发展到政治实践，极大地推动了社会发展与文明进步，无论是在美国还是在中国，“两性平等”已成为一种社会共识。建立男女平等的社会，不再是少数女性主义者的美好希冀，而成为全社会共同努力的目标。在 1976 年后出版木兰文本中，不论是中国木兰文本还是美国木兰文本，木兰的个人欲求都得以满足，自我意识也得以展现，向着女性解放迈进了一大步。然而，时至今日，我们也不能说男女平等的理想社会已经建成，只能说我们仍然在为之付出艰苦卓绝的努力。女性的主体意识与社会地位不断提升，但男权在社会中占据主导地位却是不容否认的事实。“木兰”依旧没有跨越陈横在她面前的性别鸿沟，在中国木兰文本中如此，在美国木兰文本中亦如此。只是基于不同的历史文化传统，木兰所面临的女性困境在中美木兰文本中有着不同的表现形式。

进入新时期后，流行于西方的文学思潮迅速被大规模介绍进来，这给中国社会与中国文学带来的一大变化便是促使“人”的观念发生转变，此时的文学作品开始了对“人”的神圣性的解构，从而挖掘人形而下的欲望，个人欲求与主体意识成为文学艺术作品的表现重点。[1]创作者们看到了木兰作为一名女性的自然欲求，并将其作为自身创作的立足点，塑造了更加人性化、女性化的木兰形象，表现了木兰作为一名女性的个体意识与主体觉醒。

在儿童文学领域，木兰的女性特质成为儿童作家们强调的重点。蔡皋的儿童绘本《花木兰》的封底呈现了一位身穿粉白罗裙，正在绣花的温柔娴静的木兰形象；秦文君的儿童绘本《我是花木兰》则突出木兰的美丽容貌以及淑女品格。木兰展现出的这种女性气质往往与传统性别规范对女子的文化想象相联系，延续的是传统社会秩序对两性角色的分工与定位：“女性往往是被动的、敏感的，富有同情心且忠于家庭；男性通常是独立的、自信的，聪明且向往冒险生活。”[2]换言之，木兰的女性身份是以一种向传统性别规范回归的方式彰显出来的。

在成人文学领域，对木兰女性身份的凸显则通过两性关系表现出来。成人文本通常将木兰的爱情生活作为主要叙事内容，爱情往往与个人欲望、性别差异、两性关系相关联，因此爱情也就成为凸显木兰女性特质以及重塑木兰形象的有效手段。“爱

1 朱栋霖、朱晓进等主编：《中国现代文学史》（下），北京：北京大学出版社，2007 年，第 259 页。

2 Sarvis, Josephine T. Gender Roles in Children's Literature: An Historical Perspective, 1970–2003, PhD Dissertation, Loyola University Chicago, 2004, p.34.

情的回归看起来似乎是女性反抗意识形态的胜利，但是男权文化恰恰在‘回归’的爱情的名义下翩然而至。”[1]龙江剧《木兰传奇》中，木兰对金勇唱道：“沙场征战千般苦，你是我心底支撑的人。”“有一座大山在我身后，支撑我建功立业为国分忧。”其中的第四场《梦情》描述了木兰的梦境，梦境内容是战争结束后，木兰跟随金勇回乡见亲人的场景，木兰唱道：“东院的二嫂子拉住我的手，不阴不阳把话说：哎哟，这新媳妇，会耍刀，会舞枪，模样儿还挺俊。带过兵的大将军如今把新娘做，这要是打起架来那对手不多。从今后你们老金家日子得小心过呀，可别让你们新娶的儿媳妇，把你们造翻了锅！”“我和我的金勇哥刚要把天地拜，颤巍巍走过来我的老婆婆。”老婆婆对木兰极不满意：“你看看，你看看，那说话声如钟，走路她脚生风，打了十二年的仗，她不懂女儿经。这三十来岁的老闺女，俺可没相中。俺老金家不要你这儿媳妇，你不是个人，你不是个女人！”这虽然是木兰的梦境，但揭示的却是现实世界中可能存在的对女性的恶意，而面对这样的情景，木兰除了发出“我是个女人！”的呼喊外，别无他法。在这场爱情中，木兰一直将自己置于低一级的位置，即便最后她官至大将军，但她对金勇始终表现出强烈的依赖性。电影《花木兰》中，木兰的每一个成长节点都与文泰有关，文泰扮演着理想化的引领者角色，带领木兰从一个普通少女成长为女英雄。在木兰被背叛后，是文泰自愿作为人质留在敌军阵营中，为木兰争取了一

1 吴艳平：《主旋律电视剧中的女英雄形象以及嬗变》，华中师范大学硕士学位论文，2013年，第28页。

线生机。木兰只身前往匈奴军营营救文泰，但为了国家利益，她放弃了自己的爱情，让文泰与匈奴公主联姻，以修两国之好，木兰最终成为这场爱情的牺牲品。在龙江剧《木兰传奇》与电影《花木兰》中，木兰始终处于被引导、被支配与被牺牲的位置，“两性之间的支配与被支配，已成为我们文化中最普及的意识形态，并毫不含糊地体现出了它根本的权力观念。”[1]电视剧《花木兰》则展现了木兰退出社会舞台，回归家庭后的情景，木兰陷在夫妻关系、婆媳关系、姑嫂关系之中无法自拔，这确实将聚焦点放在了木兰的女性身份上，看似是一种人性的回归，然而这依旧是一次男权规范对女性主体意识的压制，“以爱情、分工、责任及义务的话语建构起来的核心家庭取代了父权制的封建家庭”[2]，成为木兰的新束缚。木兰在第一部《木兰新编》中完成了自我成长，等待她的不是广阔的天地，而是狭窄的家庭活动空间，木兰从此要扮演极为经典、传统的女性角色：扶老携幼、生儿育女、相夫教子……

男权规范是木兰时至今日也无法摆脱的束缚，哪怕是进入号称“自由、平等、民主、开放”的美国也一样。无论是在中国还是在美国，“女性依然在核心价值体系中处于劣势，无以摆脱被压迫者的命运，即使能力出众、奋力挣扎如花木兰者也无法幸免”[3]。不同的是，美国崇尚个人主义，木兰面临的困境不再是家国的束缚以及“传统女性规范的复归与重述”，而

1 凯特·米莉特：《性的政治》，钟良明译，北京：社会科学文献出版社，1999 年，第 38 页。
2 戴锦华：《昨日之岛》，北京：北京大学出版社，2015 年，第 87 页。
3 郑芳：《花木兰的性别困境——〈木兰诗〉与美国动画片〈木兰 Ⅰ & Ⅱ〉的比较阐释》，《长江论坛》，2011 年第 6 期。

是陷入这样一个怪圈，她实现个人理想与自我价值的道路是完全男性化的，她所有的叛逆与努力的最终目的是获得男权的认可。男权规定的成功准则成为衡量木兰个人理想实现与否的标志，或者说木兰的行为是否有利于男性，是否有利于男权社会的稳定，成为她是否能收获荣耀的绝对指标。

汤亭亭笔下的“女勇士”木兰，可谓叛逆至极，一出世便引起巨大争议。在《女勇士》中，木兰的叛逆在于她打破了中国传统性别秩序对女性的定位，她“穿上男装，披挂上甲胄，头发挽成男式”，她在战争中产子，且毫不在意地扯开衣服给财主看自己身上刻的字，并不以露出乳房而羞怯。木兰也最终以这种完全反叛的方式实现了个人理想，她获得了家庭乃至整个村落的肯定与赞誉。这一掺杂了西方个人主义与女性主义特质的叛逆木兰形象常被视为性别歧视的反抗者，确实，汤亭亭塑造的这一木兰形象为女性实现自我价值提供了一条可能的路径。然而，不可忽略的一点是，木兰复仇的原因是为了她的家庭、为了整个村落，中国传统的宗法制和家庭本位观仍然是她做出行为抉择的价值基础。面对种族歧视者，汤亭亭渴望唤来天剑“给他们一下子”，但面对来自华人社区内部的性别歧视，她通过文字报告怨恨、诉说不满，却始终没有表现出鲜明的反抗意识。在文中，木兰的复仇对象不是欺压她、排斥她的华裔男性，而是所谓的“皇帝”“财主”等阶级压迫者，“在此，花木兰颠覆剥削阶级的复仇行为无疑偷换了复仇的对象，转移了读者对《女勇士》中性别压迫主题的持续关注。"[1]实际上，木兰叛逆的目的不在于推翻男权规范，而在于获得男权规范的承认，她渴望以女性的身份获得家庭的肯定、获得华人社区的赞许，就如故事结尾中说的那样："村里人对我的孝心一定会代代传颂"[2]。只是这一目的不是以符合传统性别规范的方式实现，而是以一种叛逆的、更能体现女性能力与价值的方式实现。然而，不论是做一个温顺典雅的传统女性，还是做一个自立自强的叛逆女性，其最终目的始终是为了获得男权规范的认可。汤亭亭自己也曾在《女勇士》中写道："直到现在，中国的一些传统观念还束缚着我的手脚。"[3]

除却汤亭亭的《女勇士》，木兰故事在华裔作家笔下更多以儿童绘本的形式呈现。如前文所述，这些木兰儿童绘本或是延续了《木兰诗》传达的传统性别理念，或是隐晦地挑战了传统性别伦理，但不论这些在中西文化碰撞中诞生的木兰展现出怎样的女性主体意识，其根本价值趋向未曾改变。木兰从军的原因是为家庭，而她的从军行为又客观上有利于国家，在"家国"之中，男性话语始终占据主导地位，木兰归根到底是在为男性服务，男权规范依旧以一种或显或隐的方式禁锢着木兰。

如果说根植于这些华裔作家生存环境之中的中国传统伦理观念影响了他们对木兰形象的塑造，才使得木兰无法摆脱男权规范，那么由美国本土作家创作的儿童绘本《花木兰》以及迪

1 杜鹰：《〈女勇士〉的女性主义特点和困境——〈女勇士〉中花木兰形象分析》，《盐城师范学院学报》（人文社会科学版），2006 年第 3 期。

2 [美] 汤亭亭：《女勇士》，李剑波、陆承毅译，桂林：漓江出版社，1998 年，第 41 页。

3 [美] 汤亭亭：《女勇士》，李剑波、陆承毅译，桂林：漓江出版社，1998 年，第 44 页。

士尼出品的动画电影《花木兰》又是否走出了这一性别的泥淖？较之华裔作家笔下的木兰形象，罗伯特·圣苏西塑造的木兰形象显然更具西方个人主义色彩，他在儿童绘本《花木兰》中提到，木兰一直想像越女一样成为一名女剑士，在征兵令到来之前，她就展现出了保家卫国的渴望，并试图从“家庭内部”走出来，走进男性的世界。这体现了木兰的主体性与自我意识，而“阿爷无大儿，木兰无长兄，愿为市鞍马，从此替爷征”成为一个绝佳的契机，使得木兰拥有了一个易装从军的机会去实现自己的理想抱负，这无疑闪烁着典型的个人英雄主义与女性主义色彩。这一点在罗伯特·圣苏西担任编剧的迪士尼动画电影《花木兰》中得到延续，木兰的从军原因是证明自我并为家庭带来荣耀，最终她也成了典型的西方个人主义英雄。

然而，不论是为家庭从军，还是为国家从军，抑或是为实现个人价值从军，木兰从军必须有一个条件：或是父权衰微、家庭濒临危亡使她不得不违背传统性别规范易装从军；或是男权即将崩塌、国家面临危难使她得到一个可以实现理想抱负的机会。这就是男性与女性的区别，男性从军毫无疑问会受到赞扬与肯定，但女性从军只会招来非难与争议，除非她们处在一个特定的历史时期或满足某些苛刻的条件，社会才会默许她们的“性别越轨”行为。“她们‘幸运’地越出历史地平线的机遇，无论是在历史的记录里，还是在传奇的虚构中，其背景都是烽烟四起、强敌犯境的父权衰微之秋。换言之……女人以英雄的身份出演于历史的唯一可能，仍是父权、男权衰亡、崩塌之际。”[1]

1 戴锦华：《昨日之岛》，北京：北京大学出版社，2015 年，第 84 页。

欧洲历史上也有过类似的例子，虽然欧洲历史记载里的女性易装范例不多，但女性易装进入男性领域的例子在英国与荷兰却并不罕见，[1]德克与范德堡曾在《现代早期欧洲女性易装传统》一书中总结过造成这种现象的原因，其中很重要的一条就是英荷两国对士兵和海员的迫切需求，[2]国防压力与海外殖民扩张的需要使得女性易装进入男性领域参与国家建设成为一种特许行为，这也与木兰易装从军受到肯定的原因相一致。换句话说，木兰的从军行为必须有利于男性或者有利于这个男性话语占据强势地位的社会，只有这样，她的“越轨”行为才能得到男权规范的赦免甚至赞誉。与男性相比，木兰在受到赞誉之前所要经历的必要环节是被“赦免”，木兰易装从军的行为因为维系了父权与男权的权威而获得社会文化秩序的“特许”。“赦免”与“特许”清晰地展现了男性与女性在社会地位上的不同，也清晰地展现了男权规范对女性无休无止的压抑。

总而言之，纵观古今中外的木兰文本，可以发现以时间为维度，处于不同时代语境下的古代木兰文本、战时木兰文本、新时期以来的木兰文本以及以空间为维度，处于同一时代语境下，但拥有不同历史文化传统的中美木兰文本中，木兰分别面临着不同的女性困境。这是由于历史、文化、民族心理以及社会意识形态等诸种原因造成的，但是我们仍旧可以发现一条显而易见的规律，在所有的木兰文本中，木兰总是以“易装”形

1 Turner, Robert L. Disguise, Identity, and Female Cross-Dressing in Selected Works of Tirso de Molina, PhD Dissertation, Vanderbilt University, 2006, p. 24.

2 Dekker, Rudolf M., and Lotte C. Van De Pol. The Tradition of Female Transvestism in Early Modern Europe, New York: St. Martin's Press, 1989, p. 102.

象出现，而这也揭示了从古代到现代，从中国到美国，木兰所面临的共同困境。

实际上，不论是在东方还是在西方，男女混装都是一种“越轨”行为。《圣经》中说妇女不可穿戴男子所穿戴的，男子也不可穿妇女的衣服。《礼记·内则》也曾言：“外内不共井，不共湢浴，不通寝席，不通乞假，男女不通衣裳，内言不出，外言不入。”[1]但“易装”作为一个重要的文学母题，又经常出现在文学叙事领域。中国最著名的女扮男装的典型人物自然是木兰，除此之外还有黄崇嘏、孟丽君、祝英台……到明清时期更是出现了众多以“女扮男装”为主题的诗歌、小说、戏曲等。西方最典型也是最广为人知的“易装”故事模型是“圣女贞德”，莎士比亚的戏剧，如《威尼斯商人》《皆大欢喜》《第十二夜》等，也都展现了女扮男装的情节。这些文学作品问世后，不仅没有被批判，反而在以男性话语为主导的社会广受欢迎，这仿佛与《圣经》《礼记》中所记载的千百年来形成的传统性别秩序相悖，但探察其本质却可发现不论在东方还是西方，女主人公看似“性别僭越”的行为却始终遵从着不容打破的性别秩序。

在与木兰故事类似的这些易装叙事中，易装方向始终是“女变男”，这是一种“身份伪装从边缘向中心位移的证明，另一方面也可能说明女性伪装成男性比男性伪装成女性‘成功的概率或接受度更高’”[2]。男性身份，或者说男性的社会地位以及话语权利处于中心位置，而女性身份则位于边缘，女扮男装

1 陈戍国：《礼记校注》，长沙：岳麓书社，2004 年，第 196 页。
2 张卫东：《西方文论关键词：身份伪装叙事》，《外国文学》，2017 年第 4 期。

喻示着边缘向中心的转化，或者说是低级别向高级别的靠拢。男性的社会活动空间远远大于女性，女性想要跨入更广阔的天地，想要在家庭以外的社会公共领域活动，势必要以男性身份来完成这一目标。服饰的转换带来人们对性别身份认知的转换，木兰易装的隐喻便是木兰必须穿上男装以男性身份才能进入战场这一独属于男性的空间。传统的性别秩序绝不允许女性涉足战争和军事为代表的男性领域，于是木兰只能通过穿着男装，暂时变为一名文化上的男性，来获得进入男性空间的权利。这表明“女性若想进入这种为男性把持为男性服务的话语体系，只有两种途径，要么，她借用他的口吻、承袭他的概念、站在他的立场，用他规定的符号系统所认可的方式发言，即作为男性的同性进入话语；要么，用不言来‘言说’，用异常语言来‘言说’。”[1]质言之，木兰的“性别僭越”行为是通过将女性的身体隐藏在男性的服装下进行的，这是她取得超越同辈男性成就的前提。木兰历来被人们歌颂的军事才华、智慧和勇气都是以男性身份展现的，一旦她脱下男装，恢复女儿身，便失去了通往男性权利世界的合法渠道，此时她的一切“越轨”行为都是不被允许的，甚至是被批判的。

借用男性身份从军，并最终回归女性身份是木兰“性别僭越”行为获得社会肯定的重要依据，这种“性别僭越”行为始终是在性别秩序允许的范围内进行的。这在某种程度上也揭示了木兰所面临的女性困境：一是木兰的性别越轨行为是以“忠”“孝”为目的、以男装形象进行的，“女扮男装并不是

1 戴锦华：《浮出历史地表》，北京：中国人民大学出版社，2004年，第13页。

试图表达一个隐藏的内在自我，而是为了逃避社会规范为女性设立的困境和障碍……并赋予女性通常仅由男性拥有的地位和特权”，[1]其最终目的不过是让女性更好地为男性服务。二是木兰的“易装”过程是“女→男→女”，她最终恢复了女性身份，回归到传统性别秩序的轨道上，于是先前短暂的性别越轨行为就成了可以原谅的甚至是值得歌颂的。从某种意义上说，“木兰‘女→男→女’的性别出位与归位过程，折射出的是传统文化积淀及思维定式”。[2]而“木兰在获准分享社会与话语权利的同时，失去了她的性别身份及其话语的性别身份”[3]，就如《花木兰》中，木兰恢复女装时说的那样：“当雄兔越过草地，雌兔在他身边奔跑时，没有人能分辨出它们的性别。所以当士兵们并肩作战时，为什么要将其分为男性和女性呢？但是当他们回归家庭时，就很容易分清哪个是丈夫哪个是妻子了。”[4]“木兰真实地参与历史的同时，其女性的主体身份消失在一个非性别化的（确切地说，是男性的）假面背后”[5]，这或许是木兰以及以木兰代表的女性群体迄今无法走出的性别困境。

如今，不少大众流行歌曲在表达女性独立自强主题时都会借用木兰形象，更有不少女性文艺工作者在接受采访时言明自己渴望效仿木兰，走独立自强的人生道路。木兰仿佛成了一个

1 Dietzman, Sara J. En guize d'omme: Female Cross Dressing and Gender Reversal in Four Medieval French Texts, PhD Dissertation, University of Virginia, 2005, p. 1.

2 李贞玉：《“木兰故事”的演变与性别易装书写》，《文学与文化》，2013 年第 1 期。

3 戴锦华：《昨日之岛》，北京：北京大学出版社，2015 年，第 81–82 页。

4 San Souci, Robert. D. Fa Mulan: The Story of a Woman Warrior, New York: Hyperion Books for Children, 1998.

5 戴锦华：《昨日之岛》，北京：北京大学出版社，2015 年，第 81–82 页。

标志、一个象征，“当代木兰”也成为一个光荣的称号。然而，木兰并不是一个真正解放了的女性形象。木兰在步入公共空间的同时戴上了男性的面具，她获得赞誉的前提是得到男权文化的特许，她始终未曾摆脱自身的“从属性”特质。我们必须看到木兰面临的困境，在某种程度上，这也是许多现代女性面临的困境。当然，我们谈木兰的困境，并不是要将性别观念拉回到二元对立的结构中去，而是试图为实现女性的自我完善与两性的和谐共生探寻 一条可行的路径。

结　语

经典文学形象往往蕴含着跨越时空与文化界限的审美内涵与社会意义，处于不同时空、有着不同文化背景的创作者们不约而同选择重新阐释木兰这一经典文学形象，并赋予其新内涵，这本身就证明了木兰形象的魅力所在。作为一个流传千年、经久不衰的文学形象典型，木兰展现了中华民族传统审美心理，她在不同时代语境下呈现的新样态，又体现着鲜明的时代精神。同时，作为一个由华裔作家带进美国，被美国主流文化改写，并在世界范围内大放异彩的文学形象，木兰在联通中美文化方面起着不可忽视的重要作用。

在封建社会，木兰经历了由“人”到“神”的演变历程，成为儒家道德典范。而后，在战争时期，国家意志成为左右木兰形象塑造的绝对标准，木兰承担着激励民众投入反侵略战斗以及加入社会经济建设的重任。此后，进入新时期，在现代化建设阶段，文学艺术受到了资本力量的猛烈冲击，文学艺术的商业化、市场化和大众化使得木兰承载的意识形态成分不断减弱，大众传媒技术的发展使木兰文本的载体从纸质文本向影音文本转换，木兰成为满足民众娱乐心理的一个叙事元素。同时，木兰还经历了由中国到美国的文化转换，接受了西方个人主义与女性主义的改写，被塑造为一个追寻自我的美国女孩形象。

作为一个虚构的人物形象，木兰本身就没有真正的历史原型，也不存在所谓“正统”木兰形象。木兰形象的跨时空演绎与建构，正体现了一个文学形象所具有的活力与生命力。通过解读木兰形象在不同时代背景与不同文化语境下的变异，我们可以探寻其背后隐藏的社会与文化意蕴，进而寻找出传统文化创造性转化以及中西文化交流互动的有效模式。

附录一：

国内外研究现状

木兰是中国文学史上一个非常特殊的文学形象，这位从《木兰诗》中走出的女英雄，不仅是古代文人学者言说的对象，同样也是现代作家们关注的焦点。从古代到现代、从东方到西方，根据木兰故事衍生而出的文学作品不胜枚举。木兰形象也被一次次重新解读，在不同时代、不同国家、不同性别的作者笔下被赋予不同内涵。缘何木兰形象会受到古今中外的许多作家与艺术家们的欢迎？这一形象在这些作家与艺术家们所创作的不同体裁的文学艺术作品中又呈现出何种样态？这些问题引起了国内外学者的广泛关注。随着木兰逐渐成为一个标志性的文化符号，学界越来越重视对木兰形象的研究，近年来发表了大量关于木兰形象研究的论著。

目前，国内关于木兰形象研究的论文主要分为以下四类：

第一类是对单部作品中的木兰形象进行研究，大多关注某部特定木兰衍生文本。此类研究通过文本细读的方式，对木兰形象进行深度挖掘，揭示其背后蕴藏的深层内涵；只是关注点略显单一化，仅对个别文本或者单独一种体裁的文本进行解析，对木兰形象的考察缺乏连贯性，没能系统梳理与宏观把握这一形象在不同时代、不同文化、不同体裁当中的变形与重构。北魏民歌《木兰诗》、唐韦元甫的《木兰歌》、元侯有造的《孝烈将军祠像辨正记》、明徐渭的杂剧《雌木兰替父从军》、卜万苍的电影《木兰从军》、常香玉的豫剧《花木兰》、白淑贤的龙江剧《木兰传奇》、1998年的电视剧《花木兰》、2013年的电视剧《花木兰传奇》、马楚成的电影《花木兰》、歌舞剧《木兰诗篇》、美籍华裔作家汤亭亭的小说《女勇士》、迪士尼动画电影《花木兰》《花木兰Ⅱ》及真人电影《花木兰》，一系列经典文本中的木兰形象均有学者进行分析研究，发表论文百余篇。

新世纪以来，对于北魏民歌《木兰诗》的研究，主要集中在对其成文年代的考证方面。王颋2009年发表于《中华文史论丛》的《〈木兰诗〉作者和写作年代新证》，张雪2013年发表于《河北师范大学学报》（哲学社会科学版）的《20世纪以来〈木兰诗〉成诗年代及木兰故里研究述评》，曾庆盈2016年发表于《江西社会科学》的《“木兰从军”歌谣及北魏“天子”和“可汗”的并存》，柏俊才2019年发表于《上海大学学报》（社会科学版）的《〈木兰诗〉的作时与文本经典化》等，都是结合历史学、社会学、文献学研究，关注《木兰诗》的形成时期。对《木兰诗》中的木兰形象进行研究的主要是王双梅、黄伟2012年发表于《中华文化论坛》的《“代父从军”豪壮背后的苦泪辛酸——论木兰形象的悲剧意蕴》，从时代文化背景、女性人生冲突角度解读木兰代父从军背后的悲剧内涵。

学者们关于韦元甫《木兰歌》的研究主要讨论的是该诗与北魏民歌《木兰诗》的差异与传承关系。龚延明2010年发表于《浙江大学学报》(人文社会科学版)的《北朝本色乐府诗〈木兰歌〉发覆——兼质疑〈全唐诗〉误收署名韦元甫〈木兰歌〉》，比较了两诗在情节设定、语言风格、名物制度方面的异同，探讨两诗各自展现出的时代特征，进而为确定《木兰诗》的产生时代和作者提供一例证。此外还有白笑天2013年发表于《名作欣赏》的《浅谈韦元甫〈木兰歌〉》、杨安楠2019年发表于《大众文艺》的《北朝民歌〈木兰诗〉的互文性解读》，将《木兰诗》和《木兰歌》放于同一视域下进行观照，在对比之间突出各自特点。

侯有造的《孝烈将军祠像辨正记》基本被纳入“木兰故里”考证研究的范围之内，中国有多处木兰祠、木兰庙古迹，还有的地方行政区划以“木兰乡”命名，因此关于木兰身世、故里的说法有多种。《孝烈将军祠像辨正记》石碑记载了木兰的姓名、籍贯、事迹，对考证木兰生平具有重要意义。秋禾1995年发表于《河南师范大学学报》(哲学社会科学版)的《“木兰现象”略论》，阎根齐、刘海燕2003年发表于《中原文物》的《从〈孝烈将军祠像辨正记〉论木兰身世、时代与故里》，王文倩、聂永华2007年发表于《商丘师范学院学报》的《〈木兰诗〉成诗年代、作者及木兰故里百年研究回顾》，胡卓学2017年发表于《中国韵文学刊》的《木兰故里考辨》，对目前仍有争议的河南虞城、河北完县、安徽亳州、湖北黄陂等木兰故里说进行考辨。

徐渭的《雌木兰替父从军》是受到当代学者较多关注的木兰衍生文本，该剧故事情节翔实、人物特点突出，并且深化了“易装”母题，具有充分的文本阐释空间。林国清2010年发表于《福建论坛》（人文社会科学版）的《试论悲喜剧杰作——〈四声猿〉》，徐振贵、焦福民2011年发表于《艺术百家》的《世事糊涂、雌雄难辨的断猿哀鸣——徐渭〈雌木兰〉探微》，施海淑2012年发表于《学术探索》的《〈雌木兰替父从军〉再认识》，刘玲华2015年发表于《名作欣赏》的《徐渭对“女扮男装”母题的承继与拓展——以〈雌木兰〉和〈女状元〉为例》，结合作者所处的时代背景和社会历史语境，聚焦作品的“女扮男装”母题、“换装—脱装”模式，以及女性和人性困境展开探讨。

《雌木兰替父从军》是北魏民歌《木兰诗》在戏剧创作中的第一次演绎，此后木兰故事不断出现在戏曲作品中，涉及京剧、豫剧、桂剧、晋剧、龙江剧等多个剧种，还以现代戏剧、叙事歌曲、歌舞剧的形式展现出来。与之相关的研究主要有杜蓉2017年发表于《戏友》的《晋剧〈木兰从军〉专家评议会纪要》，鹿义霞2021年发表于《中国戏剧》的《时代语境与故事的加减法 欧阳予倩与“木兰”故事的改写及重述》，安徽大学林旭2015年的硕士论文《中国戏曲中的木兰戏研究》，南京艺术学院马婷婷2009年的硕士论文《谈叙事歌曲〈木兰从军〉的形象塑造》，青岛大学王金媛2010年的硕士论文《叙事歌曲〈木兰从军〉艺术新探》，江西师范大学郭艳燕2012年的硕士论文《论情景歌剧〈木兰诗篇〉民族化特征》，等等。

随着媒体技术的发展，影视剧产业日渐成熟，木兰形象较多地出现在大众媒介当中，并成为当代学者的关注重点。在抗战时期，电影成为重要的宣传工具，木兰肩负着唤醒民众爱国意识的重任，这一形象特征成为当代学者阐释战时木兰电影的中心。秦雅萌2017年发表于《妇女研究论丛》的《“木兰从军”故事的现代讲述——以抗战时期的上海、桂林为中心》探讨战争年代女性英雄的制造、抗战时期家国观念的新内涵以及桂剧改革视野中的木兰故事等主题。罗雅琳2012年发表于《文艺研究》的《重申“旧法”还是另造“新法”？——论抗战时期木兰从军故事的电影、话剧、桂剧改编》，讨论女性经验给战争动员和民族主义表达带来的活力，以及由此引申出的与全新战争观念、初步的“人民主权”理念和理想社会秩序相关的新思想。

新中国成立后，尤其是新时期以来，中国制作、播出了许多木兰衍生影视剧。木兰故事还传播到海外，吸引了海外影视公司的关注，迪士尼拍摄、出品了木兰电影系列，在全球范围上映。戴莹莹2000年发表于《北京电影学院学报》的《神话·类型——纵览电影史上的花木兰》，赵彤2010年发表于《当代电视》的《改造“花木兰”——一个女性故事在版本流变中的衍化》，重庆师范大学赖曦2008年的硕士论文《〈花木兰〉的好莱坞影像》，湖南师范大学陈倩2021年的硕士论文《影视剧中花木兰形象的演进研究》，综合考察了木兰影视剧所呈现的多元意义。

第二类是对中国古代及现代文本中的木兰形象演变进行梳理研究，这类研究较之第一类更加关注木兰形象的传承性，对木兰形象在古代文本的流传和在现代文本中的创造性转化做了整体概观，系统性把握了木兰故事在演变过程中表现出来的文化脉络和轨迹，挖掘了人物形象变化背后的深厚意蕴。相对而言，这类研究缺乏全球化视野，如果要对木兰形象进行全方位的解读，还必须将这一形象的海外传播和在异质文化中的重构纳入研究当中。此类研究的代表性成果有郑恩玉 2013 年发表于《戏剧艺术》的《从〈木兰诗〉到“木兰戏”——木兰故事演变系统研究》，刘莉 2013 年发表于《兰台世界》的《古代叙事文学中木兰故事的演变》，李贞玉 2013 年发表于《文学与文化》的《“木兰故事”的演变与性别易装书写》，张雪 2013 年发表于《文艺评论》的《清代木兰故事婚恋主题的演变及其文化内涵》，天津师范大学刘秀丽 2006 年的硕士论文《关于木兰故事的流传：社会性别和文化史的研究》，山东师范大学罗艳秋 2008 年的硕士论文《明前〈木兰诗〉接受史研究》、延安大学李姣姣 2014 年的硕士论文《木兰故事研究》，华中师范大学梁程 2015 年的硕士论文《明清通俗文学中的木兰故事文本研究》，南开大学张雪 2013 年的博士论文《木兰故事的文本演变与文化内涵》。

第三类研究是对木兰形象进行跨文化对比阐析，主要着眼点放在木兰形象在美国文本中的变形与重塑。代表性论文有张喜华、杨哲梅 2009 年发表于《中国文化研究》的《中西木兰形象对比》，范丽 2010 年发表于《电影文学》的《中西同名电影中花木兰形象的不同阐释与改写》，康宁 2010 年发表于《电影文学》的《比较文化视野下的花木兰》，包相玲 2013 年发表于《电影文学》的《解读花木兰中西文化形象的冲突与融合》，杨晓丽2013年发表于《电影文学》的《动画电影〈木兰〉的中西文化解读》，黄玮莹2014年发表于《电影文学》的《电影〈花木兰〉折射出的中西文化差异》，田菊2014年发表于《电影文学》的《动画片木兰形象的文化身份改写》，温婷婷、张恩普2015年发表于《东北师大学报》（哲学社会科学版）的《从〈木兰辞〉到迪士尼动画看文学作品的改编》，鹿佳妮2019年发表于《名作欣赏》的《精英话语与底层声音——比较研究〈雌木兰替父从军〉与〈女勇士〉中的木兰形象》，鹿佳妮、姜智芹2020年发表于《外国语文》的《易装、性别与女性困境——美国儿童绘本中的木兰形象》，暨南大学李兴兴2006年的硕士论文《从花木兰看女英雄的塑造与重写》，福建师范大学林越屏2006年的硕士论文《穿越时空的符号》，中南大学任晨2013年的硕士论文《中美文学与电影中花木兰形象的跨文化阐析》。

第四类研究跨越载体差异，将木兰形象视为整体进行历时性梳理，同时跨越文化屏障，关注木兰形象在异质空间中的演绎重塑。这类研究成果较少，仅有洪潇潇2010年发表于《中国校外教育》的《浅谈木兰形象的跨文化书写》，吴保和2011年发表于《上海大学学报》（社会科学版）的《花木兰，一个中国文化符号的演进与传播——从木兰戏剧到木兰电影》，李楠2017年发表于《北京联合大学学报》（人文社会科学版）的《接受学视角下的文化变异——以“木兰故事”在美国的百年传播为例》，张早早2020年发表于《北京电影学院学报》的《扑朔迷离的木兰——不同文化语境下“木兰电影”的叙事话语研究》，四川大学魏绍飞2006年的硕士论文《木兰形象的文化变迁》，陕西师范大学胡玲2008年的硕士论文《性别视角下木兰形象及其叙事的流变研究》。这些研究以北魏民歌《木兰诗》观照木兰形象的流变，又考察木兰形象因其所处的历史环境和文化语境不同而展现出的时代特征、价值观念与文化心理。

目前，国外学界对木兰形象的研究主要分为三个方面。

一是，木兰故事起源于中国，经由翻译、改写等方式进入国外研究者的视野，因此国外关于木兰形象的研究成果首先集中在对中国木兰文本的译介方面。世明·克瓦（Shiamin Kwa）、伊维德（Wilt L. Idema）2010年译注的《木兰故事的五种版本和相关文本》（*Mulan: Five Versions of a Classic Chinese Legend, with Related Texts*，2010）翻译、介绍了木兰故事的五个版本，主要是北魏民歌《木兰诗》、韦元甫的《木兰歌》、徐渭的杂剧《雌木兰替父从军》、1903年的戏曲《木兰从军》、1939年的电影《木兰从军》剧本，将木兰形象放在更为丰富多元的语境下进行重新审视。但他们的文本选取范围过窄，仅有五部木兰文本，关注焦点不是木兰形象研究，而是木兰故事的翻译与传播。

二是，在海外接受度较广的两个木兰文本是美国华裔作家汤亭亭的《女勇士》以及迪士尼公司出品的电影《花木兰》系列，国外学者对木兰形象的研究也主要以这两组文本为基础。大多数研究者都基于自身的文化背景和意识形态，从身份认同和女性主义等视角解读《女勇士》。代表性的成果有马里尼·舒勒（Malini Schueller）1989年发表的《质疑种族和性别定义：〈女战士〉中的对话颠覆》（*Questioning Race and Gender Definitions: Dialogic Subversions in "The Woman Warrior"*），莱拉妮·西目（LeiLani Nishime）1995 年发表的《新生代：中国男性与女性战士的性别与民族主义》（*Engendering Genre: Gender and Nationalism in China Men and the Woman Warrior*），哲贤·林（Jeehyun Lim）2006 年发表的《割舌：汤亭亭〈女勇士〉中的语言和身体》（*Cutting the Tongue: Language and the Body in Kingston's "The Woman Warrior"*），佐拉·克拉克（Zoila Clark）2014 年发表的《汤亭亭，捉鬼的女权主义者》（*Maxine Hong Kingston, Ghostbuster Feminist*）。

对于迪士尼公司出品的电影《花木兰》系列，国外学者大多从东方主义、后殖民主义、女性主义、异质文化迁移与重塑等视角分析其中的木兰形象。代表性作品有丽莎·布罗克班克（Lisa Brocklebank）2000 年发表的《迪士尼的"花木兰"——"真正"的解构英雄？》（*Disney's "Mulan"—the "True" Deconstructed Heroine?*），克里斯蒂娜（Christina）和塞特凡纳斯·苏普拉吉特诺（Setefanus Suprajitno）2014 年发表的《1998 版〈花木兰〉电影中儒家孝道的美国化》[*The Americanization of Confucian Filial Piety in Disney's Mulan (1998)*]，米歇尔·安雅·安吉巴格（Michelle Anya Anjirbag）2018 年发表的《〈花木兰〉和〈海洋奇缘〉：迪士尼动画电影中的殖民主义和真实性探寻》（*Mulan and Moana: Embedded Coloniality and the Search for Authenticity in Disney Animated Films*），索蒂里奥斯·穆扎基斯（Sotirios Mouzakis）2019 年发

表的《文化帝国主义、女性英雄主义和华特迪士尼〈花木兰〉和〈海洋奇缘〉的全球演出》（*Cultural Imperialism, Female Heroism, and the Global Performance of Walt Disney's Mulan and Moana*），诗丽吉·乌斯曼（S. A.Usman）等 2021 年发表的《分析 2020 版〈花木兰〉电影中的中国文化的性别平等意识》[*An Analysis of Gender Equality of Chinese Culture in Mulan Film (2020)*]，伊尔西亚·赛亚菲娜（Irsya Syafinah）和恩当·苏西洛瓦蒂（Endang Susilowati）2021 年发表的《1998 版〈花木兰〉与 2020 版〈花木兰〉电影的比较（比较文学研究）》[*The Comparison Between the Movie of Mulan 1998 and Its Remake, Mulan 2020 (Comparative literature studies)*]，夏奇拉·贝古姆（Shakira Begum）2022 年发表的《他说，她说：迪士尼的〈小美人鱼〉（1989）和〈花木兰〉（1998）中使用的性别歧视语言的批判性内容分析》[*He Said, She Said: A Critical Content Analysis of Sexist language used in Disney's The Little Mermaid (1989) and Mulan (1998)*]。

三是，对木兰形象在中外文本中的流变和跨文化对比进行研究。成果主要有朱莉·安妮·罗尔（Julie Anne Lohr）2007 年发表的《重塑轨迹还是创造故事谱系？——〈花木兰〉十二个版本的比较》（*Reinventing the Wheel or Creating a Tale's Genealogy?: A Comparison of Twelve Versions of the Tale of Mulan*），路易斯·爱德华（Louise Edwards）2010 年发表的《女战士花木兰的转变：从家庭卫士到国家公仆》（*Transformations of the Woman Warrior Hua Mulan: from Defender of the Family to*

Servant of the State），珍妮·班（Jenny Banh）2020 年发表的《让木兰变得真实：木兰从中国古代民间故事到迪士尼经典的谱系回溯》（*Make Mulan Right: Retracing the Genealogy of Mulan from Ancient China Tale to Disney Classic*），以及兰·董（Lan Dong）2010 年出版的《木兰在中国和美国的传奇与遗产》（*Mulan's Legend and Legacy in China and the United States*）。

附录二：

相关文本

1.《木兰诗》（古辞）：[宋] 郭茂倩编 . 乐府诗集 (上)[M]. 北京 : 中华书局，2019.

2.《戏题木兰花》：王启兴主编 . 校编全唐诗（中）[M]. 武汉：湖北人民出版社，2001.

3.《题令狐家木兰花》：王启兴主编 . 校编全唐诗（中）[M]. 武汉：湖北人民出版社，2001.

4.《和白使君木兰花》：王启兴主编 . 校编全唐诗（中）[M]. 武汉：湖北人民出版社，2001.

5.《题木兰庙》：[唐] 杜牧撰，[清] 冯集梧注，陈成校点 . 杜牧诗集 [M]. 上海：上海古籍出版社，2015.

6.《木兰歌》：[宋] 郭茂倩编 . 乐府诗集 (上)[M]. 北京 : 中华书局，2019 年 .

7.《孝经 · 妇女之孝二十首之十木兰》：蔡践解译 . 孝经全鉴 [M]. 北京：中国纺织出版社，2016.

8.《木兰诗》(刘克庄)：吴文治主编 . 宋诗话全编 (第九册)[M]. 南京 : 江苏古籍出版社，1988.

9.《后村诗话》：[宋] 刘克庄撰，王秀梅点校 . 后村诗话 [M]. 北京 : 中华书局，1983.

10.《竹庄诗话》：[宋] 何汶撰，常振国等点校 . 竹庄诗话 [M]. 北京：中华书局，1984.

11.《演繁露》：[宋] 程大昌撰 . 演繁录 [M]. 济南 : 山东人民出版社，2018 年 .

12.《孝烈将军祠像辨正记》：马俊华，苏丽湘编著 . 木兰文献大观 [M]. 郑州 : 河南人民出版社，1993.

13.《雌木兰替父从军》：[明] 徐渭撰，周中明校注 . 四声猿 [M]. 上海 : 上海古籍出版社，

1984.

14.《双兔记》：李修生主编 . 古代戏曲剧目纲要 [M]. 北京 : 文化艺术出版社，1997.

15.《北魏奇史闺孝烈传》：[清] 张绍贤撰，白金群标点 . 北魏奇史闺孝烈传 [M]. 合肥 : 黄山书社，1991.

16.《木兰奇女传》: [清] 瀛园旧主著，阿毅校点 . 木兰奇女传 [M]. 济南 : 山东文艺出版社，1987.

17. 京剧《木兰从军》：齐如山编剧、梅兰芳编演 .

18. 电影《木兰从军》（1928）：黎民伟监制，侯曜导演，侯曜编剧，李旦旦主演，香港民新影业公司，1928.

19. 电影《木兰从军》（1939）：卜万苍导演，欧阳予倩编剧，陈云裳主演，美商中国联合影业公司华成制片厂出品，1939.

20. 豫剧《花木兰》: 陈宪章编剧，常香玉编演，河南豫剧院艺术室整理 . 花木兰 [M]. 北京 : 中国戏剧出版社，1959 .

21. 京剧《木兰从军》：言慧珠改编、表演 .

22. 龙江剧《木兰传奇》：肖朗、邱丽莉导演，张兴华、杨宝林编剧，白淑贤主演，广东龙迹影视文化传播有限公司、南方影视节目联合制作中心出品，1994.

23. 电视剧《花木兰》：李惠民、赖水清导演， 博华、陈惠妍、张炭编剧，袁咏仪、赵文卓主演，杨佩佩出品，1998.

24. 歌舞剧《木兰诗篇》：关峡作曲，刘麟编剧，李福祥执导，彭丽媛、戴玉强及雷佳、谭晶、于爽、孙学翔、张英席等担纲主演，首演于 2005 年 .

25. 电影《花木兰》：马楚成导演，张挺编剧，赵薇、陈坤主演，星光国际出品，2009.

26. 电视剧《花木兰传奇》: 卫翰韬，黄伟明导演，苏晓苑，向以鲜，刘继安编剧，侯梦瑶、郭品超、吕良伟主演，河南影视集团 / 东阳江山多娇公司出品，2013.

27. 绘本《木兰从军》：卢世澄 . 木兰从军 [M]. 上海 : 上海美术出版社，2000.

28. 绘本《花木兰》：魏亚西 . 花木兰 [M]. 南昌 : 二十一世纪出版社，2013.

29. 绘本《花木兰》：蔡皋 . 花木兰 [M]. 济南 : 明天出版社，2013.

30. 绘本《花木兰》：蔡峰 . 花木兰 [M]. 上海 : 上海人民美术出版社，2017.

31. 绘本《我是花木兰》：秦文君 . 我是花木兰 [M]. 北京：中国少年儿童出版社，2017.

32. 女勇士：[美] 汤亭亭 . 女勇士 [M]. 李剑波，陆承毅译，桂林：漓江出版社，1998.

33.《木兰歌》：Lee, Jeanne M. The Song of Mu Lan, Asheville: Front Street, 1995.

34.《木兰诗》：Zhang, Song-Nan. The Ballad of Mulan, Union City: Pan Asian Publications, 1998.

35.《巾帼英雄花木兰》：Chin, Charlie. China's Bravest Girl: The Legend of Hua Mu Lan, San Francisco: Children's Book Press, 1993.

36.《花木兰的故事——中国古代女英雄》：Jiang, Wei, and Jiang Cheng-An. The Legend of Mu Lan: A Heroine of Ancient China, Monterey: Victory Press, 1992.

37.《花木兰的故事》：Yi, Gang, and Guo Xiao. The Story of Mulan: The Daughter and the Warrior, Texas: U.S. Sunny Publishing, 2007.

38.《花木兰》：San Souci, Robert. D. Fa Mulan: The Story of a Woman Warrior, New York: Hyperion Books for Children, 1998.

39. 动画电影《花木兰》（Mulan, 1998 film）：Directed by Barry Cook and Tony Bancroft, Screenplay by Rita Hsiao, Chris Sanders, Philip LaZebnik, Raymond Singer and Eugenia Bostwick-Singer, Story by Robert D. San Souci, Distributed by Buena Vista Pictures Distribution (Walt Disney Studios Motion Pictures),1998.

40. 动画电影《花木兰 2》（Mulan Ⅱ, 2004 film）：Directed by Darrell Rooney and Lynne Southerland, Screenplay by Michael Lucker, Chris Parker and Roger S. H. Schulman, Distributed by Walt Disney Home Entertainment, 2004.

41. 真人电影《花木兰》（Mulan, 2020 film）：Directed by Niki Caro, Screenplay by Rick Jaffa, Amanda Silver, Lauren Hynek, and Elizabeth Martin, Starring by Yifei Liu and Donnie Yen, Distributed by Walt Disney Studios Motion Pictures, 2020.

参考文献

1. [唐] 杜佑撰，王文锦点校 . 通典 [M]. 北京 : 中华书局，1988 .

2. [唐] 魏徵撰 . 隋书 [M]. 台北 : 鼎文书局点校本，1979.

3. [宋] 程颢、程颐 . 二程遗书 [M]. 上海 : 上海古籍出版社，2000.

4. [宋] 黎清德编，王星贤点校 . 朱子语类 [M]. 北京 : 中华书局，1986.

5. [宋] 魏泰著，陈应鸾校注 . 临汉隐居诗话校注 [M]. 成都 : 巴蜀书社，2001.

6. [明] 徐昌祚 . 新刻徐比部燕山丛录 [M]. 清抄本 .

7. [明]钟惺、谭元春选评，张国光等点校 . 诗归[M]. 湖北人民出版社，1985 年，第 283 页 .

8. [清] 张玉穀著，许逸民点校 . 古诗赏析 [M]. 北京 : 中华书局，2017.

9. [法] 波伏娃 . 第二性 [M]. 郑克鲁译，上海：上海译文出版社，2011.

10. [德] 黑格尔 . 历史哲学 [M]. 王造时译，上海：上海书店出版社，2001.

11. [美] 凯特 · 米莉特 . 性的政治 [M]. 钟良明译，北京：社会科学文献出版社，1999.

12. [美] 罗伯特 · 麦基 . 故事 [M]. 周铁东译，北京 : 中国电影出版社，2001.

13. [美] 尹晓煌 . 美国华裔文学史 [M]. 徐颖果译，天津：南开大学出版社，2006.

14. "意识形态领域重大理论问题" 通俗读本课题组编著 . 为什么不好 : 论 "普世价值" [M]. 杭州 : 浙江工商大学出版社，2015.

15. 柏俊才 .《木兰诗》的作时与文本经典化 [J]. 上海大学学报（社会科学版），2019(1).

16. 包相玲 . 解读花木兰中西文化形象的冲突与融合 [J]. 电影文学，2013(3).

17. 蔡皋 . 我的民间独白 [J]. 创作与评论，2013(10).

18. 曾庆盈 . "木兰从军" 歌谣及北魏 "天子" 和 "可汗" 的并存 [J]. 江西社会科学，2016(12).

19. 陈伯达 . 哲学的国防动员 [J]. 读书生活，1936(9).

20. 陈伯海主编，查清华等编撰 . 历代唐诗论评选 [M]. 保定 : 河北大学出版社，2003.

21. 陈洪、乔以钢主编 . 中国古代文学与文化的性别审视 [M]. 天津 : 南开大学出版社，2009.

22. 陈开颖 . 性别、信仰、权力——北魏女主政治与佛教 [M]. 郑州 : 郑州大学出版社，2017.

23. 陈顺馨、戴锦华 . 妇女、民族与女性主义 [M]. 北京 : 中央编译出版社，2004.

24. 陈韬文 . 文化移转 : 中国花木兰传说的美国化和全球化 [J]. 新闻学研究 (台湾)，2001(66).

25. 程爱民主编 . 美国华裔文学研究 [M]. 北京 : 北京大学出版社，2003.

26. 戴锦华 . 浮出历史地表 [M]. 北京 : 中国人民大学出版社，2004.

27. 戴锦华 . 涉渡之舟 [M]. 北京 : 北京大学出版社，2007.

28. 戴锦华 . 失踪的母亲 : 电影中父权叙述的新策略 [J]. 海南师范大学学报 (社会科学版)，2015(8).

29. 戴锦华 . 昨日之岛 [M]. 北京 : 北京大学出版社，2015.

30. 单德兴 . “开疆”与“辟土”[M]. 天津 : 南开大学出版社，2006.

31. 邓小平 . 邓小平文选第二卷，2 版 [M]. 北京 : 人民出版社，1994.

32. 杜鹰 .《女勇士》的女性主义特点和困境——《女勇士》中花木兰形象分析 [J]. 盐城师范学院学报 (人文社会科学版)，2006(3).

33. 段宝林 . 中国民间文学概要 [M]. 北京 : 北京大学出版社，2002.

34. 范丽 . 中西同名电影中花木兰形象的不同阐释与改写 [J]. 电影文学，2010(14).

35. 高云峰 . 论花木兰故事的流传与衍变 [J]. 剑南文学 (经典阅读)，2013(6).

36. 高云峰 . 明清时期木兰故事的文学演绎 [D]. 硕士学位论文，杭州师范大学，2014.

37. 葛晓音 . 盛唐清乐的衰落和古乐府诗的兴盛 [J]. 社会科学战线，1994(4).

38. 河南省文物局 . 河南碑志叙录 [M]. 郑州 : 中州古籍出版社，1992.

39. 洪潇潇 . 浅谈木兰形象的跨文化书写 [J]. 中国校外教育，2010(12).

40. 胡玲 . 性别视角下木兰形象及其叙事的流变研究 [D]. 硕士学位论文，陕西师范大学，2008.

41. 滑明达 . 解码美国电影 [M]. 北京 : 旅游教育出版社，2014.

42. 黄玮莹 . 电影《花木兰》折射出的中西文化差异 [J]. 电影文学，2014(21).

43. 黄曦 . 中美两部《花木兰》电影对比研究 [J]. 电影文学，2011(4).

44. 季庆阳 . 孝文化的传承与创新——基于大唐盛世的考察 [M]. 西安 : 西安电子科技大学出版社，2015.

45. 姜智芹 . 当东方与西方相遇 [M]. 济南 : 齐鲁书社，2008.

46. 康宁 . 比较文化视野下的花木兰 [J]. 电影文学，2010(16).

47. 赖曦 .《花木兰》的好莱坞影像 [D]. 硕士学位论文，重庆师范大学，2008.

48. 冷兰兰 . 中国古代人伦关系与社会秩序的构建 [D]. 博士学位论文，湖南师范大学，2016.

49. 李福岩 . 启蒙思潮与中国现代化发展话语体系之演进 [J]. 理论导刊，2017(5).

50. 李红岩，龚云，宋启发著 . 中国道路 [M]. 合肥 : 黄山书社，2014.

51. 李慧芳 . 中国民间文学 [M]. 武汉 : 武汉大学出版社，1996.

52. 李姣姣 . 木兰故事研究 [D]. 硕士学位论文，延安大学，2014.

53. 李琬予、寇彧 . 孝道信念的形成与发展 : 不同文化下亲子互动的视角 [J]. 心理科学进展，2011(7).

54. 李兴兴 . 从花木兰看女英雄的塑造与重写 [D]. 硕士学位论文，暨南大学，2006.

55. 李贞玉 . “木兰故事”的演变与性别易装书写 [J]. 文学与文化，2013(1).

56. 梁程 . 明清通俗文学中的木兰故事文本研究 [D]. 硕士学位论文，华中师范大学，2015.

57. 林冠群 . 隋唐君主可汗号比较研究 [J]. 中央民族大学学报（哲学社会科学版），2019(3).

58. 林旭 . 中国戏曲中的木兰戏研究 [D]. 硕士学位论文，安徽大学，2015.

59. 林越屏 . 穿越时空的符号——中西方文化视野下的花木兰 [D]. 硕士学位论文，福建师范大学，2006.

60. 刘枫主编 . 孟郊诗集 [M]. 银川 : 阳光出版社，2016.

61. 刘俊 . 元代“华夷之辨”的特质、缘由及影响 [J]. 社会科学战线，2018(4).

62. 刘莉 . 古代叙事文学中木兰故事的演变 [J]. 兰台世界，2013(3).

63. 刘玲华．徐渭对“女扮男装”母题的承继与拓展——以《雌木兰》和《女状元》为例[J]. 名作欣赏，2015(20).

64. 刘秀丽．关于木兰故事的流传——社会性别视角和文化史的研究 [D]. 硕士学位论文，天津师范大学，2006.

65. 罗钢、刘象愚主编．后殖民主义文化理论 [M]. 北京：中国社会科学出版社，1999.

66. 罗艳秋．明前《木兰诗》接受史研究 [D]. 硕士学位论文，山东师范大学，2008.

67. 马楚成、张挺等．花木兰 [M]. 南京：凤凰出版社，2009.

68. 毛泽东．毛泽东选集第三卷 [M]. 北京：人民出版社，1991.

69. 苗霖霖．北魏女官制度考略 [J]. 济南大学学报（社会科学版），2015(1).

70. 欧阳山尊．论欧阳予倩的文艺思想与实践 [N]. 光明日报，1989-6-13.

71. 裴亮．巾帼英雄的“还魂”与“重构”——抗战时期“木兰从军”新编历史剧创作论[J]. 戏剧 2016(3).

72. 齐天举．《木兰诗》的著录及其时代问题续证 [J]. 文学遗产，1984(1).

73. 齐天举．关于《木兰诗》的著录及其时代问题 [J]. 文学遗产增刊第十四辑，1982.

74. 乔以钢、关信平主编．社会发展与性别研究 [M]. 天津：南开大学出版社，2014.

75. 屈雅君．中国文学：关于女性的叙事 [M]. 北京：人民出版社，2014.

76. 任晨．中美文学与电影中花木兰形象的跨文化阐析 [D]. 硕士学位论文，中南大学，2013.

77. 山郁兰．华语女性成长电影中女性意识的突显与困局 [J]. 电影新作，2021(4).

78. 施海淑．《雌木兰替父从军》再认识 [J]. 学术探索，2012(12).

79. 宋剑华，杨斯月．“民族本位”与抗战文学的文化构想 [J]. 福建论坛（人文社会科学版），2021(5).

80. 宋其蕤．北魏女主论 [M]. 北京：中国社会科学出版社，2006.

81. 孙玫．论说抗战前左翼文坛对梅兰芳的评价 [J]. 艺术百家，2015(1).

82. 谭洁．魏晋时期的孝道观 [J]. 武汉大学学报（人文科学版），2003(4).

83. 陶磊．试论明清戏剧小说中木兰题材的演变 [J]. 湖南大众传媒职业技术学院学报，2006(6).

84. 田菊．动画片木兰形象的文化身份改写 [J]. 电影文学，2014(18).

85. 田媛 . 中国未来女性的期待与塑造——秦文君小说中的女孩形象分析 [J]. 烟台大学学报 (哲学社会科学版)，2011(1).

86. 王梦姣 . “木兰电影”研究 [D]. 硕士学位论文，西南大学，2017 年 .

87. 王泉根 . 论儿童文学的基本美学特征 [J]. 北京师范大学学报 (社会科学版)，2006(2).

88. 卫景宜 . 中国传统文化在美国华人英语作品中的话语功能——解读《女勇士》—花木兰 [J]. 中国比较文学，1999(4).

89. 魏绍飞 . 木兰形象的文化变迁 [D]. 硕士学位论文，四川大学，2006.

90. 吴保和 . 花木兰，一个中国文化符号的演进与传播——从木兰戏剧到木兰电影 [J]. 上海大学学报 (社会科学版)，2011(1).

91. 吴艳平 . 主旋律电视剧中的女英雄形象以及嬗变 [D]. 硕士学位论文，华中师范大学，2013 .

92. 习近平 . 高举中国特色社会主义伟大旗帜 为全面建设社会主义现代化国家而团结奋斗——在中国共产党第二十次全国代表大会上的报告 [EB/OL]. 新华网， 2022-10-25..

93. 习近平 . 决胜全面建成小康社会 夺取新时代中国特色社会主义伟大胜利——在中国共产党第十九次全国代表大会上的报告 [EB/OL]. 新华网， 2017-10-27.

94. 习近平 . 在庆祝中国共产党成立 95 周年大会上的讲话 [J]. 求是，2021(8).

95. 习近平 . 在文艺工作座谈会上的讲话 [N]. 人民日报，2015-10-15(2).

96. 萧涤非著，萧光乾选编 . 萧涤非文选 [M]. 济南 : 山东大学出版社，2006.

97. 谢永芳编著 . 元稹诗全集 [M]. 武汉 : 崇文书局，2016.

98. 徐新，凌继尧主编 . 犹太百科全书 [M]. 上海 : 人民出版社，1993.

99. 徐颖果 . 文化政治化——美国华裔文学中的身份思考 [J]. 西北大学学报 (哲学社会科学版)，2002(1).

100. 徐振贵，焦福民 . 世事糊涂、雌雄难辨的断猿哀鸣——徐渭《雌木兰》探微 [J]. 艺术百家，2011(1).

101. 杨晓丽 . 动画电影《木兰》的中西文化解读 [J]. 电影文学，2013(9).

102. 苑利主编 . 二十世纪中国民俗学经典 民俗理论卷 [M]. 北京 : 社会科学文献出版社，2002 年 .

103. 詹乔 . 美国华裔英语叙事文本中的中国形象 [M]. 广州：暨南大学出版社，2016.

104. 张柠 . 五六十年代作家“下乡”考 [J]. 东吴学术，2018(5).

105. 张榕蓉 . 浅析《晋书 · 列女传》与《宋书 · 列女传》不同的女性观 [J]. 黑龙江史志，2013(13).

106. 张思齐 . 从辞赋源流看李白对宋玉的继承 [J]. 广东社会科学，2021(4).

107. 张卫东 . 西方文论关键词：身份伪装叙事 [J]. 外国文学，2017(4).

108. 张喜华，杨哲梅 . 中西木兰形象对比 [J]. 中国文化研究，2009(3).

109. 张雪 . 木兰故事的文本演变与文化内涵 [D]. 博士学位论文，南开大学，2013.

110. 张园 . 论《明史 · 列女传》中母亲形象的弱化 [D]. 硕士学位论文，南京师范大学，2015.

111. 赵从仁 .《木兰诗》的著录及其时代问题 [J]. 中州学刊，1985(5).

112. 赵彤 . 改造“花木兰”——一个女性故事在版本流变中的衍化 [J]. 当代电视，2010(3).

113. 赵宪军 . 管窥台湾宗教文学 [j]. 中央社会主义学院学报，2013(3).

114. 郑朝琳 . 结构主义叙事学视野下《木兰诗》中的木兰形象 [J]. 文学教育（上），2014(1).

115. 郑恩玉 . 从《木兰诗》到“木兰戏”——木兰故事演变系统研究 [J]. 戏剧艺术，2013(4).

116. 郑芳 . 花木兰的性别困境——《木兰诗》与美国动画片《木兰 Ⅰ & Ⅱ》的比较阐释 [J]. 长江论坛，2011(6).

117. 周绍英 . 抗美援朝战争思想政治工作的经验及当代启示 [J]. 重庆师范大学学报（哲学社会科学版），2013(2).

118. Antler, Joyce. “Women’s Liberation and Jewish Feminism after 1968: Multiple Pathways to Gender Equality.” American Jewish History, Vol. 102, No. 1, 2018.

119. Bader, Barbars. “Multiculturalism in the Mainstream.” The Horn Book Magazine, Vol. 79, No. 3, 2003.

120. Eicher, Joanne. “Dress and Identity.” Clothing and Textiles Research

Journal, Vol. 10, No. 4, 1992.

121. Lan, Feng. “The Female Individual and the Empire: A Historicist Approach to Mulan and Kingston’s Woman Warrior.” Comparative Literature, Vol. 55, No. 3, 2003.

122. Li, Jing. “Retelling the Story of a Woman Warrior in Hua Mulan (花木兰, 2009): Constructed Chineseness and the Female Voice1.” Marvels & Tales, Vol. 32, No. 2, 2018.

123. Lee, Katherine H. “The Poetics of Liminality and Misidentification: Winnifred Eaton’s Me and Maxine Hong Kingston’s The Woman Warrior.” Studies in the Literary Imagination, Vol. 37, No. 1, 2004.

124. Dietzman, Sara J. En guize d’omme: Female Cross Dressing and Gender Reversal in Four Medieval French Texts, PhD Dissertation, University of Virginia, 2005.

125. Sarvis, Josephine T. Gender Roles in Children’s Literature: An Historical Perspective, 1970-2003, PhD Dissertation, Loyola University Chicago, 2004.

126. Turner, Robert L. Disguise, Identity, and Female Cross-Dressing in Selected Works of Tirso de Molina, PhD Dissertation, Vanderbilt University, 2006.

127. Butler, Judith. Gender Trouble-Feminism and the Subversion of Identity, Taylor & Francis e-Library, 2002.

128. Dekker, Rudolf M., and Lotte C. Van De Pol. The Tradition of Female Transvestism in Early Modern Europe, New York: St. Martin’s Press, 1989.

129. Dong, Lan. Mulan’s legend and legacy in China and the United States, Philadelphia: Temple University Press, 2011.

130. Friedan, Betty. The Feminine Mystique, New York: W. W. Norton & Company, 1963.

131. Jen, Gish. Mona in the Promised Land, New York: Alfred A. Knopf, 1996.

132. Kwa, Shiamin, and Wilt L. Idema. Mulan: Five Versions of a Classic Chinese Legend, with Related Texts, Indianapolis: Hackett Publishing Company, 2010.

133. Oster, Judith. Crossing Cultures: Creating Identity in Chinese and Jewish American Literature, Columbia: University of Missouri Press, 2003.

134. Pogrebin, Letty. Deborah, Golda, and Me: Being Female and Jewish in America, New York: Crown Publishers, 1991.

135. Roiphe, Anne. Generation Without Memory: A Jewish Journey Through Christian America, New York: Summit Books, 1981.

136. Rubin, Derek, ed. Who We Are : On Being (and Not Being) a Jewish American Writer, New York: Schocken Books, 2005.

137. Skenazy, Paul, and Tera Martin, eds. Conversations with Maxine Hong Kingston, Jackson: University of Mississippi Press, 1998.

138. Yin, Xiao-huang. Chinese American Literature since the 1850s, Urbana and Chicago: University of Illinois Press, 2000.

后　记

苏轼有诗云："济南春好雪初晴，才到龙山马足轻。"济南的早春是一年中最美丽的季节，此时春风吹醒万物，告别了寒冬料峭，又迎来年复一年繁花盛开的季节。今日，我坐于图书馆，在这温馨而舒展的气氛中，表达我内心最真挚的感谢之情。

感谢我的家人，在我学习深造过程中给予的鼓励与支持。家人永远是我们的避风港湾，是我们坚强的后盾，是我们温暖的源泉，给我们信心，给我们力量。感谢他们支持我的每一个决定，让我放手去做我想做的事情，过我想过的生活。家人的理解与支持，是我前进路上的最大动力。

感谢我的导师姜智芹教授，在学术研究上给予我鼓励和启发。姜老师对我的帮助，绝不仅限于知识的传授，更在于她是我学术道路上的引路人。她严谨、认真、耐心、负责，在我进行文章写作的过程中，大到框架结构，小到语言表达，甚至句读标点，无不给出了有益建议，帮助我将文章修改得更加完善。通过与老师的交流讨论，我深刻明白了"严谨治学"的内涵与意义，在之后的人生旅程上，我也会将这条原则继续贯彻执行下去。我必将在学术这条道路上努力摸索、继续前行。

感谢为本书撰写与出版提供帮助的王怀兴老师。

感谢出版社的编辑老师们在书稿撰写过程中给予的指导与

帮助，正是因为他们的辛苦付出，本书才得以顺利出版。

感谢山东师范大学比较文学与世界文学专业所有的老师，从老师们身上，我不仅学到了专业知识，更学到了治学的态度与方法。

感谢我的本科同学，也是我的好友，西南大学硕士王梦姣，在选题过程中给予我诸多启发。

感谢我的师妹韩凌心，是特别的缘分让我们相遇。

感谢我的硕士室友，张同娟、李文月、王雪连，以及硕士同学尚晓珺、崔凌鑫、王坤元。

感谢我的博士室友，中国古代文学博士曹原，以及博士同学们：中国现当代文学博士许丽宁、汉语言文字学博士马雅琦、语言及应用语言学博士王梦甜，是她们让我的学习生活充满欢声笑语。

特别感谢我的好朋友，美国南卡莱罗纳大学博士王艳婷，从美国不辞辛苦地为我背回一本本外文文献与木兰英文绘本。可以说，没有她的帮助，我不可能完成本书。同时，也祝愿她事业顺利，生活幸福。希望在今后，无论在生活上还是在学术上，我们都能共同进步。

最后，我要感谢本书的主人公——木兰，是她让我领略了女英雄的人生，也是她让我清晰认识到了女性生存、成长中的迷茫与困境。作为一名渴望在自己所属领域做出一点点成绩的女性，在撰写这篇文章时，我曾无数次与之产生共鸣。在对木兰形象进行分析、比较、阐释的同时，这个人物形象也反过来影响着我对人生的认知。一切文学皆人学，我们从事文学研究的意义，或许正在于此。